Inhalt

Zwischen den Welten

Wenn man sich den kräuterkundigen Frauen zwischen Schwarzwald und Kaiserstuhl auf historischen Pfaden nähern möchte, kommt man auch hier um dieses eine Wort nicht herum: „Hexe". Dieser Begriff, der heute eher eine kindliche Sympathie als Angst erzeugt, steckte schon immer voller Fragen, Spekulationen, Irrtümer und Phantasien.

„Hexenkraut" Zaunrübe

Sucht man nach den Wurzeln des deutschen Wortes „Hexe", stößt man im westgermanischen Sprachraum auf das mittelhochdeutsche „hecse", „hesse", auf das althochdeutsche „hagzissa", „hagazussa" oder das altenglische „haegtesse". Gemein haben sie den wahrscheinlich althochdeutschen Bestandteil „hag" („Zaun, Hecke, Gehege"), der zweite Teil ist möglicherweise auf das germanische/norwegische „tysja" („Elfe, böser/guter Geist") und litauische „dvasia" („Geist, Seele") zurückzuführen, was vermutlich einen auf Hecken oder Grenzen befindlichen Geist bedeutet.

Der „Hag", auch im Alemannischen ein altes Wort für „Zaun" oder „Hecke", symbolisierte in vorchristlichen Zeiten die Grenze zwischen der Geborgenheit der Sippe und der furchteinflößenden Wildnis. Nur weise Frauen, so nimmt man an, wagten es wohl, sich „zwischen den Welten", also am Hag, aufzuhalten. Zu ihnen gingen die Menschen, wenn sie von einer Krankheit geplagt wurden oder um Rat suchten. Ob heidnische Priesterinnen oder kräuterkundige Hebammen: Bei ihnen konzentrierte sich ein frühes Wissen um die guten wie gefährlichen Wirkungen von Heilpflanzen.

Wissen contra Unwissen

Diese weisen Frauen, so kann man sich gut vorstellen, waren von etwas Geheimnisvollem umgeben. Sie hatten einen engeren Bezug zur Natur als andere, und insbesondere die Kräuterfrauen dürften auch in einer Umgebung gelebt haben, die ihnen die Pflanzen für ihre unzähligen Rezepte lieferte – am Waldesrand oder sogar im Wald, in bescheidenen oder gar erbärmlichen Verhältnissen, weil sie vielleicht verwitwet und verarmt waren.

Kräuter waren in früheren Zeiten die einzigen Arzneien, die den Menschen zur Verfügung standen. Wer sich mit ihnen auskannte und damit Krankheiten heilen oder eine Geburt erträglicher machen konnte, hatte das Vertrauen seiner Mitmenschen und damit Macht – zu viel Macht in den Augen mancher... In jener düsteren Zeit des Mittelalters, als das Wissen vom Glauben verdrängt wurde, geriet das zwischenmenschliche Leben außer Kontrolle und die „Hexe“ ins Visier.

Auch in der Region rund um Freiburg trieb die „Hexenverfolgung“ Blüten. Einer der bekanntesten Fälle ist der von Anna Schnidewind geborene Trutt. Der blinde Wahn der Obrigkeit und der Aberglaube der Bevölkerung waren die Gründe, warum die gebürtige Wyhlerin am 24. April des Jahres 1751 auf einem Scheiterhaufen bei Endingen als eine der letzten „Hexen“ in Deutschland ihr Leben verlor. Auslöser war eine kranke Kuh, welche die unbescholtene Bürgersfrau mit Heublumenwickeln zu kurieren versucht hatte. Als diese nicht halfen, nahm sie getrocknete Kräuter und räucherte damit den Stall aus. Unachtsamkeit mit der Glut führte dazu, dass nicht nur ihr Stall, sondern 88 weitere Gebäude des Dorfes einer Feuersbrunst zum Opfer fielen und dabei einige Stück Vieh und leider auch ein dreijähriges Kind umkamen. Anna Schnidewind wurde ein Pakt mit dem Teufel unterstellt, mit dessen Hilfe sie den Brand absichtlich gelegt habe.

*„M'r het scho immer ebbis mid Gridder g'macht"**

Diese Zeiten erbarmungsloser „Hexenverfolgung“ sind glücklicherweise vorbei. Geblieben ist der „Zauber“ oder auch die „magische Anziehungskraft“, die die grünblättrigen Persönlichkeiten auf den Feldern, Wiesen und am Wegesrand bis heute auf viele Menschen ausüben.

Odermenning

Mittlerer Wegerich

In vielen ländlichen Familien des Schwarzwalds und des Kaiserstuhls pflegt man seit den letzten Jahrhunderten eine gewisse Ehrfurcht gegenüber den Wildpflanzen, die vor der Haustür wachsen. Gerade im Hochschwarzwald, wo der nächste Arzt früher oft nur schwer erreichbar war, beschäftigte man sich mit den einheimischen Heilkräutern und Beeren und verarbeitete sie auf vielfältige Weise. Sei es zum Haustee, einem „Arme-Leute-Tee“, der beispielsweise aus Brombeer-, Himbeer- und Erdbeerblättern, Johannisbeerblättern, Brennnesseln und – für eine schöne Farbe – aus rotem Klee bestand, sei es zum schlaffördernden Schlüsselblumen-Tee für die geplagte Mutter oder auch zu Likör, Wein und Schnaps. Manche Wildkräuter, wie Löwenzahn und Brennnesseln, wurden als Salat verzehrt oder wie Spinat zubereitet.

Im Unterschied zu heute fehlte damals jedoch oft das Hintergrundwissen zu den Inhalts- und Aromastoffen der Pflanzen sowie deren Wirkung. Kräuter verwendete man, weil die Mütter und Großmütter es schon immer taten. Hauptsache, sie taten gut, linderten Krankheiten, machten satt – und vielleicht sogar glücklich...

* Man hat schon immer etwas mit Kräutern gemacht

Kräuterfrauen heute

Die kräuterkundigen Frauen von heute sind wahre Frohnaturen, die hoch motiviert und voller Elan das Wissen ihrer Vorfahren vor dem Vergessen bewahren. Oft haben sie als Landfrauen eine Qualifikation zur zertifizierten Kräuterpädagogin mit dem Ziel, Einheimischen und Touristen die Verwendung der Kräuter in der Küche und in der Naturmedizin nahezubringen. Manche wiederum haben eine Ausbildung an der Freiburger oder einer anderen Heilpflanzenschule absolviert oder sich ihr Wissen autodidaktisch angeeignet. Sie geben heute Kurse, halten Vorträge, bieten Kräuterwanderungen an und sind mitunter sogar im Fernsehen zu erleben.

Eines haben sie alle gemeinsam: In ihren Duftgärten zwischen Schwarzwald und Kaiserstuhl pflanzen sie leidenschaftlich gern „e wengili vu' dem un' sellem" – ein wenig von diesem und jenem – , gehen liebevoll mit ihren Kräutern um, graben behutsam Wurzeln aus und bedanken sich auch schon einmal bei einer Pflanze für deren Heilkraft. Ihre Rezepte mit den originellen alemannischen Namen*, in denen sie gern „e wengili vu' dem un' sellem" verarbeiten, spiegeln die alemannische Lust am Genießen wider.

Und die Männer?

Die „Kräutermänner" in Schwarzwald und Kaiserstuhl gehen gerne hinaus zum Sammeln, doch noch lieber stehen sie an ihrem Herd. „Blumen- und Kräuterköche" nennt man sie, denn sie lassen sich am liebsten von der Natur inspirieren und kreieren aus den Kräutlein, die um sie herum gedeihen, sowohl Raffiniertes als auch Bodenständiges in Spitzenqualität.

* Anmerkung der Red.: Die exakte alemannische Aussprache und Schreibweise kann sich bisweilen schon von Dorf zu Dorf unterscheiden

Gummibärchen im Blumenkasten

Heide Bergmann *Ökostation Freiburg*

Eigentlich wollte sie schon immer wissen, wo die Nahrung herkommt, die wir täglich zu uns nehmen. Doch ihr beruflicher Weg führte sie zunächst über ein Lehramtstudium in Französisch und Geschichte, bevor sie in ihrer Landwirtschaftslehre auf dem Eichstetter Bio-Hof Rinklin im wahrsten Sinne „ankam".

Die Gründung der Freiburger Ökostation zur damaligen Landesgartenschau im Jahre 1986 war ein Glücksfall für Heide Bergmann. 1987 stieg sie dort ein, prägte den Aufbau dieses Umweltbildungszentrums entscheidend mit und richtete das „Grüne Klassenzimmer" ein. Ihre ganze Phantasie und Liebe zur Natur konnte sie bei der Anlage des 200 qm großen Heilkräutergartens einbringen, der nach dem Vorbild mittelalterlicher Klostergärten entstand. Über 150 verschiedene Tee-, Würz-, Duft- und Arzneikräuter, die botanisch gekennzeichnet sind, kann man hier bestaunen.

Seither genießt sie es ganz besonders, mit Kindern zu gärtnern, weil sie so neugierig bei der Sache sind und unheimlich viel Spaß daran haben, aus kleinen Pflänzchen etwas Großes zu ziehen. Besonders Duftpflanzen, über die sie auch ein Buch geschrieben hat, haben es Heide Bergmann angetan. So führt sie ihre großen und kleinen Besucher zum Schnuppern über die „Pfefferminzstraße", lässt sie an der „Colapflanze" Eberraute

und der Gummibärchenblume, am Lavendel oder an der Zitronenmelisse reiben. Ein besonderer Moment für die Pädagogin und passionierte Gärtnerin ist, wenn sie mit Jugendlichen, die manchmal nicht so ganz einfach sind, im Gartenhäuschen sitzt, gemeinsam mit ihnen Kräuter für einen Quark schnippelt und plötzlich tiefgründige Gespräche aufkommen, die man zuvor nicht erahnen konnte...

Heilkräutergarten an der Ökostation
Öffnungszeiten:
Montag bis Freitag 9 bis 17 Uhr

Salad mid Gänsebleämli

[Salat mit Gänseblümchen]

- *1 Roma- oder Bataviasalat*
- *Saft $^1/_2$ Zitrone*
- *1 Orange*
- *1 Frühlingszwiebel*
- *1-2 EL natives Olivenöl extra*
- *Salz, Pfeffer*
- *Gänseblümchen*

In eine Schüssel Olivenöl, Salz, Pfeffer, Zitronensaft und in Ringe geschnittene Frühlingszwiebeln geben. Gewaschenen Salat und in Stückchen geschnittene Orange dazugeben und vermengen. Mit Gänseblümchen garnieren.

Tomadesalad weä im Urlaub

[Tomatensalat wie im Urlaub]

- *8 Tomaten*
- *1 Zwiebel*
- *2 EL natives Olivenöl extra*
- *Salz, Pfeffer*
- *2 EL Rotweinessig*
- *Basilikumblätter*

Tomaten längs in Streifen schneiden, Zwiebeln in Ringe schneiden, mit den anderen Zutaten gut vermengen. Basilikum darüber streuen.

Rindersteak mid bleänd'm Zidronethiemian

[Rindersteak mit blühendem Zitronenthymian]

- *4 dünne Rindersteaks*
- *8 Knoblauchzehen*
- *$^1/_2$ l Rotwein*
- *Olivenöl*
- *Salz, Pfeffer*
- *1 gehäufter EL frischer Zitronenthymian*
- *glatte Petersilie*

Rindersteaks salzen und pfeffern. Knoblauch in Scheiben schneiden, Zitronenthymian vom Stängel abrebeln. Die Steaks in Olivenöl anbraten, mit Rotwein ablöschen, den Zitronenthymian hinzugeben und ein wenig köcheln lassen. Mit Petersilie garnieren.

Zitronenthymian

Dufdkäschdli fir kleini Schnubbernäsli

[Duftkasten für kleine Schnuppernasen]

Kinder stecken gerne ihre Nase überall hinein. In diesen Balkonkasten mit Duftpflanzen dürfen sie es auch. Wählen Sie dafür Kräuter, die Ihre Kleinen in Staunen versetzen: z.B. Minzen, die nach Orangen, Kaugummi oder Schokolade duften, Pelargonien mit Rosen-, Apfel- oder Möhrengeschmack, Schokokosmee, Vanilleblume oder Ananassalbei. Oder wie wär's mit einem Zitronenkasten, mit Zitronenverbene, Zitronenmelisse, Zitronenbasilikum oder Zitronenthymian? Der Hit für Kinder ist sicherlich die Gummibärchenblume. Sie riecht verführerisch, wie eine frisch geöffnete Haribotüte.

Füllen Sie dazu einen Balkonkasten mit guter Pflanzerde und bepflanzen Sie ihn mit je einer

- Vanilleblume (Heliotrop),
- Schokokosmee,
- Gummibärchenblume,
- Orangentagetes und
- Eberraute (Colapflanze)

Der Kasten braucht einen sonnigen Platz, damit sich die Aromen entfalten können. Mit dem Duftkasten können Kinder experimentieren, z.B. mit verbundenen Augen einen Duft erraten oder ein paar Blätter in Filmdöschen füllen und sie als Riechmemory verwenden.

Vorsicht! ***Babys und Kleinkinder dürfen nicht intensiv an Minze riechen, da ihnen das Menthol schaden könnte.***

Seäß un' fejn – tolli Rezeptli fir dr Kindergeburdsdaag

[Süß und fein – pfiffige Rezepte für den Kindergeburtstag]

Zitronenmelisse

Himbeeri mid Minze

[Himbeeren mit Minze]

- *eine Handvoll reife Himbeeren*
- *1 Becher Joghurt*
- *1 TL Honig*
- *2 Blätter Minze*

Himbeeren waschen, Honig mit dem Joghurt verrühren, Minze klein schneiden und alles miteinander vermischen.

Obschdsalad mid Zidronemelisse

[Obstsalat mit Zitronenmelisse]

- *1 Apfel*
- *1 Banane*
- *300 g Erdbeeren*
- *1 TL Rohrzucker*
- *3-4 Blätter frische Zitronenmelisse*
- *Gänseblümchen*

Obst waschen, klein schneiden und in eine Schüssel geben. Den Zucker darüber streuen und ziehen lassen. Zitronenmelissenblätter fein schneiden und daruntermischen. Mit Gänseblümchen dekorieren.

Gridder-Bowle

[Kräuter-Bowle]

- *1 l naturtrüber Apfelsaft*
- *3/4 l Mineralwasser*
- *3 Blätter Ananassalbei*
- *3 Blätter Apfelduftgeranie*
- *ein Zweiglein Zitronenverbene*
- *essbare Blüten*

Die Kräuter für ca. 2 Stunden in einen Krug mit Apfelsaft legen. Herausnehmen und mit Mineralwasser auffüllen. Zum Servieren in jedes Glas eine essbare Blüte geben (z.B. Borretsch, Veilchen, Schlüsselblume oder Orangentagetes).

Wenn man die Blüten zuvor in Eiswürfeln einfriert, tauen sie im Getränk langsam auf.

Drachenbergsuppe und andere Ungeheuerlichkeiten

Ursula Bertsch *Freiburg*

Wenn sie über Kräuter spricht, huscht unweigerlich ein Lächeln über ihr Gesicht. Ursula Bertsch ist eine jener Töchter, deren Mütter und Großmütter schon immer vor Mariä Himmelfahrt in die Gärten und auf die Felder gehen, um Heilpflanzen, Küchenkräuter und Getreideähren für den traditionellen „Kräuterbuschen" zu sammeln, der in der Kirche geweiht wird. Mensch und Tier soll dieser schützen. So legte man in ihrer Kindheit den Hühnern einige Stängel davon in die Nester, damit sie besser Eier legen, und wenn jemand aus der Familie krank wurde, nahm man zuerst einmal ein Heilkraut aus dem Himmelfahrtsstrauß und kochte daraus einen Tee für den Patienten.

Aus der Liebe zu solch alten Ritualen wurde bei Ursula Bertsch eine tiefe Verbundenheit mit den Wildkräutern, die vor ihrer Haustür wachsen. So kann sie die ersten schneefreien Tage nach dem Winter kaum erwarten, an denen sie Giersch, Brennnesseln oder Bärlauch pflückt, um daraus ein stärkendes Wildkräutersößchen zu kochen.

Neben ihrem Beruf als Sozialarbeiterin veranstaltet die in Freiburg lebende Heilpflanzenexpertin regelmäßig Exkursionen, Kurse und Vorträge mit den Schwerpunkten Wildkräuterküche und Hausapotheke. Eine Suppe gegen Drachen? Davon handeln die Abende, an denen sie ihre selbst geschriebenen Pflanzenmärchen erzählt. Mit musikalischer Begleitung münden diese in aufregende Abenteuer, bei denen kleine Kräuter eine große Rolle spielen.

Eberesche-marmelad'

[Ebereschenmarmelade]

- *beliebige Menge Ebereschen, nach dem ersten Frost gesammelt bzw. eingefroren*
- *selbe Menge Birnen, Äpfel oder Quitten*

Eberesche

Ebereschen mit wenig Wasser ca. 20 Min. sehr weich kochen, durch ein Sieb passieren. Das Gartenobst schälen, entkernen, klein schneiden und weich kochen. Ebereschenmus und Obst mischen und mit Gelierzucker 2:1 (oder einem beliebigen Geliermittel) einkochen.

Etwas „wildere“ Variante:
Ebereschen und Weißdornbeeren (ca. 50:50) weich kochen, durch ein Sieb passieren, mit Geliermittel oder mit Gelierzucker 1:1 oder 2:1 einkochen.

Marmelad' mid Wißdorn, Zwätschge un' Rotwii

[Weißdorn-Zwetschgen-Rotweinmarmelade]

- *beliebige Menge Weißdornbeeren*
- *selbe Menge Zwetschgen*
- *Rotwein zum Kochen*

Weißdornbeeren in Rotwein ca. 20 Min. weich kochen, durch ein Sieb passieren. Die Zwetschgen entsteinen, weich kochen und pürieren. Weißdorn- und Zwetschgenmus mischen und wie die Ebereschenmarmelade einkochen.

Schbageddi-Wildgridderseeßli im Freähling

[Spaghetti-Frühlingswildkräutersoße]

- *3-4 Handvoll junge Wildkräuter (Giersch, Brennnesseln, Vogelmiere, Bärlauch)*
- *1 Becher Sahne*
- *Schale von $^1/_2$ Zitrone*
- *Salz*
- *Spaghetti nach Belieben*

Wildkräuter sehr klein schneiden. Mit der Sahne, Zitronenschale (Zestenreißer verwenden!) und etwas Salz ca. 8 Min. köcheln lassen. In der selben Zeit die Spaghetti gar kochen.

Ursula Bertsch verbringt lieber mehr Zeit beim Kräutersammeln als drinnen. Deshalb sind ihre Wildkräuterrezepte schnell und unkompliziert.

Wildgridder-Keescreme

[Wildkräuter-Käsecreme]

- *ca. 2 Handvoll junge Wildkräuter (Giersch, Brennnessel, Vogelmiere, Gundermann, Schafgarbe, Bärlauch etc.)*
- *Salz*
- *200 g eingelegter Schafskäse (Feta)*
- *1 TL Zitronensaft oder ½ abgeriebene Zitronenschale*
- *1 EL Olivenöl*

Wildkräuter klein schneiden, salzen und mit dem Messerrücken quetschen, so dass eine Art „Brei“ entsteht. Die Kräutermasse mit zerdrücktem Schafskäse, Zitronensaft oder Zitronenschale und Olivenöl mischen, kaltstellen.

Wer es lieber weniger kräftig mag, nimmt Frischkäse anstelle von Schafskäse.

G'filldi Herdepfel

[Gefüllte Kartoffeln]

- *festkochende Kartoffeln nach Belieben*
- *selbstgemachte Wildkräuter-Käsecreme*

Kartoffeln kochen, abkühlen lassen, schälen, halbieren, aushöhlen und innen etwas salzen.
Für die Füllung die Käsecreme mit der herausgelösten Kartoffelmasse mischen, je nach Konsistenz noch etwas Olivenöl oder Frischkäse hinzufügen. Die ausgehöhlten Kartoffeln damit füllen und im Backofen bei mäßiger Hitze ca. 20-30 Min. backen.

Salbei

Salbei-Schbageddi

[Salbei-Spaghetti]

- *pro Person ca. eine kleine Handvoll frische Salbeiblätter*
- *wenig Salz und Pfeffer*
- *Öl oder Butter*
- *Spaghetti nach Belieben*

Salbei in heißem Fett knusprig braten, würzen und über die heißen Spaghetti geben, sofort servieren.

Geht sehr schnell und schmeckt phantastisch!

Eberesche-Epfel-Chutney

[Ebereschen-Apfel-Chutney]

- *400 g Ebereschenmus*
- *600 g Äpfel*
- *120 g Zwiebeln*

- *100 g Rosinen*
- *$^1/_4$ l Weißweinessig*
- *400 g Zucker*
- *1 TL Ingwer*
- *$^1/_2$ TL Koriander*
- *$^1/_2$ TL Garam masala oder Curry*
- *1 Chilischote oder 1 TL Chilipulver*

Ebereschen nach dem ersten Frost sammeln bzw. einfrieren. Mit wenig Wasser sehr weich kochen und durch ein Sieb passieren. Restliche Zutaten 30 Min. kochen, pürieren, nochmals 10 Min. kochen und alles miteinander vermischt heiß in Schraubgläser abfüllen.

Englwurzliggeer

[Engelwurzlikör]

- *120 g Engelwurzwurzel**
- *40 g Kalmus**
- *40 g Ingwer**
- *40 g Pfefferminze**
- *100 g Melisse**
- *60 g Fenchelsamen*
- *15 Kardamonkapseln*
- *Schale von 3 Zitronen*
- *1 Vanillestange*
- *5 Kaffeebohnen*
- *3 l Korn oder Obstler*
- *300-400 g weißer Kandiszucker*

(die Pflanzen können frisch oder getrocknet verwendet werden; bei getrockneten Pflanzen benötigt man ca. $^1/_3$ weniger)

Die *Zutaten sehr klein schneiden, Fenchel und Kardamon mörsern, die Zitronenschale abreiben und die Vanillestange auskratzen. Die Kaffeebohnen bleiben wie sie sind.
Alles zusammen wird in einem weißen Glas mit Korn oder Obstler und dem Kandiszucker angesetzt und darf 4-6 Wochen ziehen, dabei sollte die Mischung immer wieder geschüttelt oder umgerührt werden. Danach abseihen und noch mindestens 3 Monate nachreifen lassen.

Engelwurzlikör wirkt anregend, stärkend und verdauungsfördernd.
Er verhindert Fäulnisprozesse, entkrampft die Muskulatur der Magen- und Darmwände und verbessert die Verträglichkeit von Lebensmitteln.

Engelwurz

Zwei Frauen und ihr saures Geheimnis

Eleonore & Sigrid Binninger
Gundelfingen

Mitten im alten Gundelfinger Ortszentrum, gut zwischen den Häusern versteckt, liegt der große Hausgarten der Familie Binninger. Eigentlich nichts Besonderes, könnte man meinen – wenn da nicht die feinen Kräuter-Kreationen wären, die aus diesem Stückchen Land stammen und von denen Nachbarn, Freunde und Verwandte schon seit so vielen Jahren schwärmen.

Begonnen hat die Kräuterleidenschaft der Binninger-Frauen aus einem ernsten Grund: Die Großmutter war aufgrund eines Magenleidens auf Schonkost angewiesen. Um den beschränkten Speiseplan etwas interessanter zu gestalten, begann Tochter Eleonore mit dem Anbau von Kräutern. Dill, Borretsch, Bohnenkraut & Co. fanden den Weg in den Kochtopf und sind seither nicht mehr aus der Binninger-Küche wegzudenken. Eleonores Tochter Sigrid hat die Kräuterleidenschaft ausgedehnt und verfeinert. Unter ihrer Regie kamen marokkanische Minze, Pimpernelle, Maggikraut, mediterrane Klassiker oder auch Currykraut und sogar Sanddorn von der Nordsee in die Beete. Ihre Aloe-vera-Pflänzchen fühlen sich in der Gundelfinger Sonne ebenso wohl wie der rote Mohn, Ziersalbei, Lavendel oder die zartrosa Rosen. Sigrid Binninger „experimentiert" gern, und auf die Erntezeit freut sich jedes Jahr die ganze „Fangemeinde". Dann nämlich werden die beliebten Kräuteressige angesetzt, deren Rezepte bis vor kurzem noch ein streng gehütetes Geheimnis waren. Aber eben nur bis vor kurzem...

's Binningers Gridderessig fir jede Daag

[Binningers Kräuteressig für jeden Tag]

- *3/4 l Melfor (Essig mit Bienenhonig)*
- *3 gehäufte TL Senfkörner*
- *2 TL rote Pfefferkörner*
- *2-3 Knoblauchzehen*
- *2-3 Dilldolden*

Dill waschen und trocknen. Alle Zutaten miteinander in ein verschließbares Glasgefäß geben. In den ersten Tagen immer wieder kurz kopfüber schütteln. Insgesamt mind. 8 Wochen durchziehen lassen.

Dieser Essig eignet sich hervorragend für alle grünen Blattsalate, „Sonnewirbele", Gurkensalat, Rote-Bete-Salat und Bohnensalat.

's Binningers 7-Gridder-Essig

[Binningers 7-Kräuter-Essig]

- *3/4 l Melfor*
- *2 Zweige Petersilie*
- *2-3 Blätter Borretsch*
- *2-3 Blätter Minze*
- *1 kleiner Zweig Rosmarin*
- *3-4 kleine Salbeiblätter*
- *1 kleiner Zweig Zitronenthymian*
- *3-4 Blättchen Maggikraut (Liebstöckel)*

Kräuter waschen und trocknen. Alle Zutaten miteinander in ein verschließbares Glasgefäß geben. In den ersten Tagen immer wieder schütteln. Insgesamt mind. 8 Wochen durchziehen lassen.

Mit dem 7-Kräuter-Essig lassen sich alle grünen Sommersalate und Tomatensalat verfeinern.

Maggikraut (Liebstöckel)

Petersilie

Pfefferminze

Rosmarin

's Binningers Saladseeßli mid Zidrone

[Binningers Salatsoße mit Zitrone]

- *frische Kräuter: Borretsch, Schnittlauch, ein wenig vom Rohr einer Frühlingszwiebel, Maggikraut*
- *1 Apfel, in kleine feine Scheiben geschnitten*
- *Saft von 1 Zitrone*
- *Olivenöl*
- *Kräutersalz*
- *gemahlener Knoblauch*

Alles gut miteinander vermengen und einen grünen Salat damit anmachen.

Besonders in der Grippezeit ist ein Salat mit dieser Soße ein wahrer Vitaminstoß.

Bekemmligi Salbei-Schbageddi

[Salbei-Spaghetti „auf die bekömmliche Art"]

- *10-12 mittelgroße Salbeiblätter*
- *1 Büschel Petersilie*
- *4 Knoblauchzehen*
- *2-3 TL gekörnte Gemüsebrühe*
- *2-3 EL Olivenöl*
- *Pfeffermühle (bunte Mischung)*
- *Spaghetti*

Salbei in Streifen schneiden, Knoblauch fein stifteln und Petersilie mit Stängel fein hacken. Einen Pfannenboden mit Wasser bedecken (ca. $^1/_2$ cm hoch), Salbei, Knoblauch, Petersilie und Gemüsebrühe hinzufügen. 10 Min. unter ständigem Rühren bei mittlerer Hitze schmoren. Darauf achten, dass der Pfannenboden mit Flüssigkeit bedeckt ist, bei Bedarf Wasser nachgießen. Olivenöl und frisch gemahlenen Pfeffer hineinrühren. Die gekochten Spaghetti hinzufügen, gut vermischen und sofort servieren.

Wer es scharf mag, kann ein paar Chilistückchen daruntergeben. Weitere Varianten: Gehobelte Karotten oder fein geschnittene Zucchini bzw. Paprika separat dünsten und dann daruntermischen.

Dieses Schnäpschen tut gut, wenn einen der Magen plagt. Das Rezept stammt von Eleonores Schwägerin Ljuba Berkei, die in Russland aufwuchs.

Aloe-vera-Schnäbsli

[Aloe-vera-Schnäpschen]

für eine $^3/_4$-l-Flasche:

- *frisch abgeschnittene Zweige einer Aloe-vera-Pflanze (ca. ein großes Einmachglas voll)*
- *125 ml Akazienhonig*
- *ca. 1 l Wodka*

Aloe vera waschen, in 2 cm große Stücke schneiden und in ein verschließbares Einmachglas geben. Mit Wodka auffüllen, bis alles bedeckt ist und 15 Tage im Dunkeln ziehen lassen. Danach abseihen, Honig hinzufügen, gut schütteln und in eine Flasche abfüllen.

Auf das Herz gehört

Ursel Bühring *Freiburg*

Als Nachkriegskind der 1950er Jahre und kleiner Wildfang, dessen Familie ausgebombt war, genoss sie es ganz besonders, auf den Wiesen oberhalb von Stuttgart umher zu tollen und dabei nach essbaren Wildkräutern Ausschau zu halten. So wanderten Gänseblümchen und Löwenzahnblüten in den Mund, und zu Hause gab die Mutti Rosenblüten über den Salat. Diese frühe Liebe zu den Schätzen der Natur sollte Ursel Bühring nicht mehr loslassen.

Nach einer Ausbildung zur Krankenschwester wurde Freiburg ihre Wahlheimat. Ihr Schlüsselerlebnis hatte sie mit ihrer engsten Freundin, deren kleine Tochter schwer krank und von den Ärzten bereits aufgegeben war. Doch die Freundin brachte das Kind mit viel Geduld und dünner Suppe aus Pastinake, einem Doldenblütler, zur Genesung. Von dieser Kraft der Kräuter „wie vom Blitz getroffen", entschied sich Ursel Bühring, Heilpraktikerin zu werden.

Als Schwerpunkt wählte sie die Heilpflanzen und bildete sich auch in Natur- und Umweltpädagogik weiter. Es folgten Engagements in der Freiburger Ökostation, und plötzlich hörte man sie mit Gesundheitstipps im Radio oder verfolgte ihre Sendungen im Regionalfernsehen. Und auch die Zahl ihrer selbst veröffentlichten Bücher nahm zu.

Ursel Bühring besuchte eine Heilpflanzenschule in der Schweiz und träumte heimlich davon, etwas scheinbar Unmögliches möglich zu machen: die Eröffnung einer eigenen Heilpflanzenschule. Sie hörte auf ihr Herz und arbeitete an ihrem Traum, bis er im Jahr 1997 wahr wurde.

Heute ist die Freiburger Heilpflanzenschule von Ursel Bühring eine Institution und eine der ersten Adressen für Phytotherapie-Ausbildungen sowie Wild- und Heilkräuterseminare.

Gänse-bleämlibrood

[Gänseblümchenbrot]

- *Bauern- oder Walnussbrot*
- *Butter*
- *Gänseblümchenblüten*
- *Salz, Pfeffer*
- *Saft von 1/2 Zitrone*

Brotscheiben buttern und mit den abgezupften Blütenköpfchen dicht belegen. Nach Geschmack die Blümchenbrote mit Salz oder Pfeffer versehen und mit etwas Zitronensaft beträufeln.

Gänseblümchen

Maddederdli

[Wiesentörtchen]

- *250 g Blätterteig*
- *4 EL gewürfelter Speck*
- *2 EL gehackte Zwiebeln*
- *1 EL Butter*
- *150 g zarte Rotkleeblätter*
- *150 g Spinat (oder: Giersch bzw. Brennnesseln)*
- *gekörnte Gemüsebrühe*
- *Salz, Muskat*
- *2 Eier*
- *100 g milder Käse*

Den Teig auswellen und kleine Backförmchen damit auslegen. Speck mit Zwiebeln in Butter andünsten. Rotkleeblätter mit zerkleinertem Spinat bzw. Wildkräutern mitdünsten, abschmecken. Die ganze Masse auf die Förmchen verteilen. Die Eier mit geriebenem Käse verklopfen und in die Förmchen gießen. Bei 220° 15 Min. backen.

Zusammen mit einem frischen Salat aus Wiesenkräutern erhält man ein leckeres Abendessen.

Güggügskleeßli

[Kuckucksklöße]

- *1 große Handvoll blühende Triebe vom Wiesenschaumkraut*
- *500 g mehlig kochende Kartoffeln*
- *1-2 Eier*
- *etwas Mehl*
- *Salz, Pfeffer, Muskat*

Kartoffeln kochen und mit Ei pürieren. Fein gehacktes Wiesenschaumkraut hinzufügen und mit Mehl zu festen Klößen formen. 5 Min. in Salzwasser garen.

Zusammen mit einem Quarksößchen und einem Wildkräutersalat erhält man ein pfiffiges Frühlingsgericht. Für das Sößchen: Quark in beliebiger Menge mit gehackten Wiesenschaumkraut-Blüten, gehackter Zwiebel, etwas Milch und geschlagener Sahne, Pfeffer und Salz verrühren.

Rotklee

Dost (wilder Majoran)

Doschdbällili

[Dostbällchen]

- *50 g Butter*
- *100 g Weizenmehl*
- *1 EL milder Blütenessig*
- *Blätter und Blüten von 10 Doststängeln (wilder Majoran)*
- *je 1 EL frischer Thymian und Bohnenkraut*
- *1 Pfefferminzblättchen*
- *Salz*

Weiche Butter und Mehl (am besten frisch gemahlen) zu einem Teig verkneten. Essig hinzufügen und fein geschnittene Kräuter darunterkneten. Nach Belieben würzen und nussgroße Teigbällchen formen. Ein Backblech fetten und die Bällchen bei 150° ca. 40 Min. backen.

Höäfladdich-Zabaione

[Huflattich-Zabaione]

- *4 Eigelb*
- *1 Vanilleschote*
- *50 g Zucker*
- *1 Handvoll frische Huflattichblüten*
- *100 ml Marsalawein*

Blüten vom Huflattich für 2 Std. in Marsalawein ansetzen. Eigelb, ausgekratztes Vanillemark und Zucker verquirlen. Diese Masse im heißen Wasserbad kräftig mit dem Schneebesen verrühren und gleichzeitig den Huflattich-Marsalawein ganz langsam zugießen. Zabaione so lange weiterschlagen, bis die Masse das doppelte Volumen hat. Mit Huflattichblüten garnieren.

Huflattich

*Ebbis Seäßes fir scheeni Maidli**

[Nymphenspeise]

- *200 g Quark*
- *100 g Joghurt*
- *1 EL Honig*
- *1 Vanilleschote*
- *100 ml Sahne, geschlagen*
- *1/2 Handvoll Pfefferminzblättchen*
- *Bitterschokoladentäfelchen*

Quark mit Joghurt und Honig vermischen. Das ausgekratzte Vanillemark mit der Sahne unter den Quark geben. Fein gehackte Pfefferminze unterrühren und die Masse über längere Zeit kühlstellen. Wenn sie noch mit Schokotäfelchen serviert wird, ist die Nymphenspeise ein verführerisches Dessert.

*Etwas Süßes für schöne Mädchen

Man nennt dieses Dessert so, weil der Sage nach die Minze aus der verwandelten Nymphe „Mentha“ entstanden sein soll.

Minze

*Lavändl zum Schlotze**

[Lavendelsorbet]

- *450 ml Wasser*
- *125 g Zucker*
- *6 blühende Lavendelrispen*
- *Schale und Saft von 2 unbehandelten Zitronen*
- *1 Eiweiß, steif geschlagen*
- *Likör nach Belieben*

Lavendel

Zucker in das Wasser geben, auflösen und unter Rühren aufkochen. Nach 5 Min. den Lavendel hinzufügen und alles erkalten lassen. Danach die Rispen entfernen. Schale und Saft der Zitronen unter die Zuckermasse rühren und für 3 Std. einfrieren, gelegentlich umrühren. Eischnee unterheben und in die Tiefkühltruhe zurückstellen. Das Sorbet vor dem Servieren leicht antauen, nach Wunsch etwas Likör darübergießen und mit Blüten garnieren.

*Lavendel zum Lutschen

Ringelblöame-Muffins

[Ringelblumen-Muffins]

- *3/4 Tasse Milch*
- *6-8 EL frische, ganze Ringelblumenblüten (sehr fein geschnitten) oder 1 1/2 EL getrocknete, zermahlene Blütenblätter*
- *3 EL Pflanzenöl*
- *2 Tassen Mehl*
- *1 EL Backpulver*
- *etwas Salz*
- *4 EL Honig*
- *1 Ei*

Ringelblume

Milch kurz aufkochen lassen, Ringelblumen und Öl hinzufügen und wieder abkühlen lassen. Das gesiebte Mehl mit Backpulver und Salz vermischen. Honig, Ei und danach die Ringelblumen-Milch hinzufügen. Muffin-Förmchen zu zwei Dritteln mit dem Teig füllen und 20 Min. bei 200° backen.

Väjilicreme

[Veilchencreme]

- *2 Tassen voller Duftveilchen-Blüten*
- *150 g Apfeldicksaft*
- *1 Päckchen Gelatine*
- *1 l Sahne*
- *2 EL frische, gezuckerte oder kandierte Veilchen zum Verzieren*

Apfeldicksaft erwärmen, über die Veilchenblüten gießen und alles zusammen zugedeckt kalt werden lassen. Ge latine nach Packungsanweisung anrühren, unter die abgekühlte Veilchenmasse geben und durch ein Sieb oder Leinentuch streichen. So lange rühren, bis die Creme zu stocken anfängt. Die steif geschlagene Sahne unterheben. Das Dessert gekühlt erstarren lassen, zum Servieren stürzen und mit Veilchen garnieren.

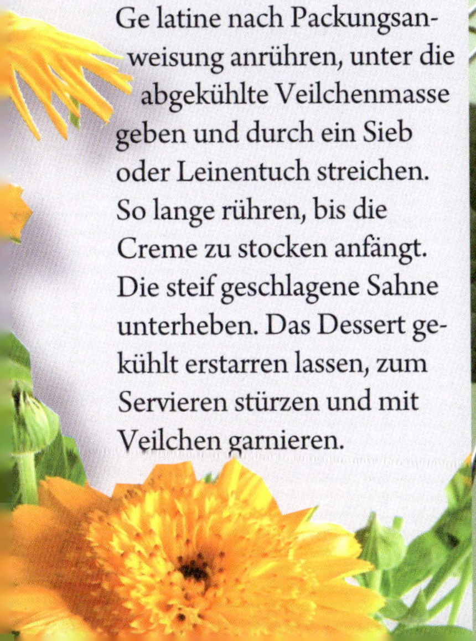

Wildi After-Eight-Bleddli

[Wiesen-After-Eight]

- *100 g Halbbitterkuvertüre*
- *Butterbrotpapier*
- *50 größere Gundermannblätter mit Stiel*

Veilchen

Ein Blech mit Brotpapier vorbereiten bzw. ein Kuchengitter bereitstellen. Die Schokolade im Wasserbad zum Schmelzen bringen. Jedes einzelne Gundermann-Blättchen mit einem Backpinsel beidseitig mit der Kuvertüre überziehen, vorsichtig auf das Blech bzw. Gitter legen, abkühlen lassen und in den Kühlschrank stellen. Sobald die Blätter hart sind, diese von der Unterlage lösen und weiterhin im Kühlschrank aufbewahren. Das „Wiesen-After-Eight" kann man zu Desserts reichen, aber auch einfach so genießen.

Hildegard für alle Sinne

Edith Fehrenbach *Oberwinden*

Abseits von der Hektik des Alltags, hoch droben auf dem Dobelberg von Oberwinden, hat Edith Fehrenbach eine idyllische Natur-Oase geschaffen, die Ruhe und Energie zugleich verströmt. „Garten der Heilpflanzen“ steht auf dem Schild, das dem Besucher den Weg zum „Uhremacherhof“ weist, und wer oben angekommen ist, wird freundlich mit einem Kräuter-Begrüßungstrunk empfangen.

Edith Fehrenbach ist Kräuterpädagogin und hat sich ganz der Heil- und Heilskunde der Hildegard von Bingen verschrieben, nach deren Kräuter-, Blumen- und Baumkunde sie auch ihren Garten angelegt hat. Mit wertvollen Informationen und ungewohnten Tipps wie dem „Nasen-Inhalierstift“, der nur aus einem zusammengerollten Salbeiblatt besteht, führt die fünffache Mutter ihre Gäste durch den von der Internationalen Hildegard-Gesellschaft anerkannten Lehrgarten.

Bereichert wird die Anlage von Stationen mit Texten von Goethe und Shakespeare sowie Erkenntnissen Hildegards, die zum Nachdenken anregen. Immer im Frühjahr erleben die Besucher ihr „blaues Wunder“ durch ein Meer von Vergissmeinnicht, und im Sommer lädt der „Fußreflexzonenweg“ mit Naturmaterialien zum bewussten „Hinspüren“ ein. „Hinhören“ kann man am wunderschönen Ruheplatz, an dem man ganz leise, entspannende Naturgeräusche vernimmt. Zur Stärkung für den Alltag werden die Gäste zum Abschluss mit „Kraftpaketli“ und „Herzwii“ im Hildegard-Stüble verwöhnt.

Garten der Heilpflanzen, Oberwinden
geöffnet Mai - September

Führungen: mittwochs 14-18 Uhr und nach Vereinbarung

Gridder-Schdruudl

[Kräuter-Strudel]

- *1 frischer Blätterteig (viereckig)*
- *200 g Sauerrahm*
- *frische Kräuter: Giersch, Labkraut, Gundelrebe, Ysop, Petersilie, Estragon u.v.m.*
- *Bertrampulver, Galgantpulver (Hildegard-Gewürze, am besten aus dem Fachhandel)*
- *1 Eigelb*

Kräuter sammeln, waschen, leicht trocken tupfen und klein schneiden.

Blätterteig auf dem Backblech auslegen, Sauerrahm darüber streichen.
Die Kräuter darauf verteilen. Gewürze in Prisen behutsam darüberstreuen. Den belegten Blätterteig zusammenrollen und mit Eigelb bestreichen. Im vorgeheizten Backofen bei 200° 30 Min. backen. Warm oder kalt servieren.

Estragon

Ein hervorragendes Rezept für die Sommerzeit. Laden Sie Ihre Gäste doch mal zum Kräutersammeln ein, und beim Verarbeiten kann auch jeder mithelfen. Mit frisch gesammelten Garten- und Wiesenkräutern lässt sich dieser Strudel köstlich und schnell zubereiten.

Kraftpaketli

[Energiekekse]

- *1 kg Dinkelmehl*
- *500 g Butter*
- *300 g Rohzucker*
- *4 Eier*
- *1 Päckchen Weinsteinbackpulver*
- *nach Belieben 100 g geriebene Mandeln zum Verfeinern*
- *100 g Gewürzplätzchen-Mischung (45 g Muskatnuss, 45 g Zimt, 10 g Nelken)*

***Ganz wichtig:* Hochwertige, reine Gewürze vom Fachhandel verwenden!**

- *Eiweiß zum Bepinseln*
- *Mandelstifte zum Verzieren*

Die Zutaten rasch zu einem Mürbteig verkneten und 1 Std. kalt rasten lassen. Nochmals kurz durchkneten, ganz dünn ausrollen und daraus mit dem Teigrädchen schmale Rauten ausschneiden oder beliebige Formen ausstechen. Mit Eiweiß bepinseln, je einen Mandelstift in die Mitte

setzen und auf einem gefetteten Blech 8 Min. bei 180° im Heißluftrohr backen (Elektroherd 210°).

Hildegard von Bingen

„Iss dieses oft, und alle Bitterkeit deines Herzens und deiner Gedanken weitet sich, dein Denken wird froh, deine Sinne rein und alle schadhaften Säfte in dir minderer, es gibt guten Saft deinem Blut und macht dich stark."

Herzwii

[Herzwein]
Auch: Petersilienhonig-Wein

- *1 l Wein (rot oder weiß)*
- *8-10 Stängel frische Petersilie mit Kraut*
- *2 EL Weinessig*
- *80-150 g Honig*

Wein, Petersilie und Weinessig ca. 5 Min. kochen, anschließend mit dem Honig nochmals 5 Min. kochen. Abseihen und in dieselbe Weinflasche füllen. Von diesem Wein trinkt man 2-3 mal täglich 1 Likörglas voll.

Bei Einschlafschwierigkeiten kann die Menge unbedenklich auch verdoppelt werden, da durch das Kochen der Alkoholgehalt auf ein Minimum abgesenkt ist. Anwender berichten von Erleichterung bei Kraftlosigkeit, Herzschwäche und Schlafstörungen. Herzwein ist jedoch kein Ersatz für einen Arztbesuch!

Hildegard von Bingen

„Wer im Herz oder in der Milz oder in der Seite Schmerzen hat, der koche Petersilie in Wein und füge etwas Essig und genug Honig bei, dann siebe er es durch ein Tuch. So trinke er oft, und es heilt ihn." (Ph.Ca.168)

Unsere altbewährte und bekannte Petersilie gehört einfach zum Standard-Kräutergarten, und durch die „Physika" erfahren wir dieses kostbare Rezept, das in keiner Küche, die mit Liebe geführt wird, fehlen darf. Durch Hildegards Pflanzenheilkunde wird die Petersilie neu aufgewertet.

D' Almdüüdler üs Winde

[Windener „Almdudler"]

- *10 Blattstängel vom Giersch*
- *2 Holunderblütendolden*
- *1 Handvoll frische Lindenblüten*
- *2-3 Pfefferminz-Blätter*
- *1 l Apfelsaft*
- *1/2 l Mineralwasser, sprudelig*
- *Saft von 1 Zitrone*

Apfelsaft in einen Krug geben. Kräuterstängel zu einem Strauß binden und kräftig zusammendrücken, damit die Zellen der Pflanzen brechen. Den Strauß am Krughenkel befestigen und kopfüber in den Apfelsaft hineinhängen. Lose Blüten und Blätter in ein Baumwollsäckchen füllen und hinzugeben. Nach 2-3 Std. die Kräuter herausholen. Den Saft kühlstellen. Mit Zitronensaft und Mineralwasser auffüllen.

Holunderblüten

Hildegard von Bingen

„Mache die Augen Deines Herzens rein und du wirst überall hin Augen haben."

Zwischen Berghäusle und Fernsehkamera

Astrid Fiebich *St. Peter*

An einem Ort, an dem das Summen der Bienen das Lauteste ist, was man hört, lebt Astrid Fiebich mit ihrer kleinen Familie. 900 Meter hoch liegt das 400 Jahre alte Heitzmannsberghäusle von St. Peter, ganz bescheiden in eine kleine Senke geduckt, die das Haus mit Bergwiesenhängen umgibt. Von hier aus kann die Heilpraktikerin, Diplom-Sozialpädagogin und Dozentin für Heilpflanzenkunde ihre Berufung – das Arbeiten mit Kräutern – vollends leben.

Von Frühjahr bis Herbst veranstaltet Astrid Fiebich Heilpflanzen- und Wildkräuterexkursionen rund um Freiburg, am Schönberg und bei St. Peter. Ihre Teilnehmer lernen spannende Mythen und Geschichten über die Kräuter am Wegesrand kennen, erhalten Informationen zur Erkennung und Verwendung und genießen neue Geschmackserlebnisse beim Zubereiten kleiner Wildkräuterköstlichkeiten.

Regelmäßig kommt Astrid Fiebich auch in die Wohnzimmer, wenn sie als Heilpflanzenexpertin Fernsehauftritte in der SWR-Sendung „Kaffee oder Tee“ und im „ARD Buffet!“ hat. Dass sie ihre Liebe zu den Pflanzen gerne festhält und dabei auch ein gutes Auge hat, beweisen ihre vielen Pflanzenfotografien, die den Betrachter immer wieder aufs Neue begeistern.

Gridder im Deigmändili

[Kräuter im Teigmäntelchen]

- *frische Kräuterblätter: z.B. Beinwell, Bärlauch, Sauerampfer, Bärenklau, Liebstöckel, Salbei, Löwenzahn, Engelwurz*
- *1 kl. Tasse Mehl*
- *1 kl. Tasse Milch*
- *1 Ei*
- *Öl*

Mehl mit Milch und Ei verquirlen und etwas ziehen lassen. Die Blätter darin eintunken und kurz in reichlich Öl auf beiden Seiten goldbraun braten.

Süüri Bärlauchknoschbe

[Bärlauchknospen sauer eingelegt]

- *Bärlauchknospen*
- *1 Zwiebel*
- *Öl*
- *wenig Essig*
- *Wein*
- *Salz*

Bärlauchknospen waschen, abtrocknen und zusammen mit der klein gehackten Zwiebel in etwas Öl glasig dünsten. Anschließend zusammen mit wenig Essig und Wein (Verhältnis Essig : Wein ca. 1 : 3) sowie Salz ca. 5 Min. köcheln lassen.
Zum Aufbewahren sehr heiß in Twist-Off-Gläser füllen und verschließen. Die Knospen sind so über mehrere Jahre haltbar.

Saure Knospen kann man als Ersatz für Kapern, im Salat oder zum „Schneige" (Naschen) zwischendurch verwenden.

Gnaggigi Zängnessle

[Knackige Brennnesseln]

- *reichlich Brennnesselblätter*
- *Salz*
- *Bratfett*

Ganz viele Brennnesselblätter sammeln (am besten die zartesten obersten zwei Paare abschneiden oder einzelne Blätter pflücken) und in einer Pfanne mit viel Butter oder Bratöl mind. 15 Min. unter ständigem Wenden anbraten, bis die Blätter knusprig sind (die Blätter dürfen nur dunkelgrün, aber nicht braun werden). Mit Salz würzen.

Die Brennnesseln fallen ähnlich wie Spinat zusammen – deswegen also in der Menge nicht sparsam sein. Und das Tolle: Dieses Gericht schmeckt Kindern wie Erwachsenen, gibt Kraft und ist ultragesund! Es eignet sich wegen des hohen Eisen- und Eiweißgehalts übrigens auch als Fleischersatz.

Greän's Peschdo

[Grünes Pesto]

- *100 g Garten- oder Wildkräuter (z.B. Löwenzahn, Gundelrebe, Melisse, Giersch, Rosmarin, Basilikum, Vogelmiere, Liebstöckel, Sauerampfer, Spitzwegerich, Knoblauchrauke)*
- *400 ml Olivenöl*
- *200 g gemahlene Nüsse oder Kerne (z.B. Sonnenblumenkerne, Pinienkerne, Haselnüsse)*
- *nach Belieben 1 Knoblauchzehe*
- *200 g geriebener Parmesankäse*
- *etwas Salz*

Garten- oder Wildkräuter waschen und gut abtrocknen. Zusammen mit Olivenöl, Nüssen oder Kernen, evtl. einer Knoblauchzehe, dem geriebenen Käse und etwas Salz in den Mixer geben und pürieren. Im Kühlschrank bedeckt mit einer Schicht Olivenöl lagern.

Liebstöckel

Kaderbrood

[Katerbrot]

- *500 g Dinkelkörner*
- *380 ml lauwarmes Wasser*
- *1 Päckchen Trockenhefe*
- *3 EL Mariendistelsamen*
- *1 EL klein gehackte Rosmarinblätter*
- *1 TL Meersalz*

Die Dinkelkörner zusammen mit den Mariendistelsamen in der Kornmühle fein mahlen. Mit der Hefe, dem Wasser und Salz mischen und ca. 5 Min. gut kneten. An einem warmen Ort zugedeckt gehen lassen, anschließend den Rosmarin dazugeben und nochmals kurz durchkneten. Den Teig in eine Backform geben, nochmals zugedeckt an einem warmen Ort gehen lassen und in den kalten Backofen schieben. Bei 180° 30 Min. backen, dann auf 210° nochmals 15 Min., damit das Brot schön knusprig wird. Nach dem Backen schnell aus der Form nehmen und abkühlen lassen.

Dieses Brot ist eine wahre „Leber- und Gaumenfreude" nach einer durchzechten Nacht...

Bäreschdargi Bärlauchburger

[Bärenstarke Bärlauchburger]

- *100 g Grünkernmehl*
- *100 g Weizenmehl*
- *50 g Haferflocken*
- *600 ml Wasser*
- *2 EL Sonnenblumenkerne*
- *2 TL Gemüsebrühe*
- *1 Ei*
- *Muskat*
- *1 große Zwiebel*
- *Fett zum Ausbacken*
- *ca. 15 große Bärlauchblätter*

Bärlauch

Mehl, Haferflocken und Gemüsebrühe mit dem kochend heißen Wasser überbrühen, rühren und etwas ziehen lassen. Inzwischen die Zwiebel in Fett andünsten und zusammen mit dem Ei, geriebener Muskatnuss, Sonnenblumenkernen und sehr fein geschnittenem Bärlauch untermischen. Mit Hilfe eines Esslöffels die Masse in mittelgroßen Häufchen in eine Pfanne mit viel heißem Fett setzen. Sobald die Unterseite goldbraun ist, die Bärlauchburger wenden, mit dem Pfannenwender flach drücken und auf der zweiten

Seite ebenfalls goldbraun braten. Mit einer Soße aus Joghurt, Salz und – falls vorhanden – klein gehacktem Sauerampfer servieren.

Mehl, Kerne, Gewürze und Kräuter können unterschiedlich variiert werden.

Gundermann-Cremeli

[Gundermann-Dessert]

Gundermann

- *2 Bananen*
- *1 Apfel*
- *1 Zitrone*
- *1 Handvoll Gundermannblättchen*
- *250 ml Sahne*
- *500 g Magerquark*

Bananen und Apfel schälen und in Stückchen schneiden. Zitrone pressen und den Saft über das Obst träufeln. Gundermannblättchen waschen, trockentupfen und zusammen mit Sahne und Obst pürieren. Masse mit Magerquark vermischen und kühlstellen.

Rosetriffili

[Dufte Rosentrüffel]

für ca. 40 Stück:

- *200 ml Sahne*
- *50 g Agaven- oder Ahornsirup*
- *400 g dunkle Kuvertüre*
- *50 g Butter*
- *Kakao und Rosenblüten zum Wälzen*
- *ätherisches Rosenöl*

Sahne zusammen mit dem Sirup leicht erwärmen, die klein gehackte Kuvertüre daruntermischen und schmelzen. Die Masse vom Herd nehmen und die Butter flöckchenweise daruntermischen. Je nach Geschmack 1-5 Tropfen ätherisches Rosenöl unterrühren und alles erkalten lassen. Aus der erstarrten Masse mit einem Teelöffel Trüffel ausstechen, in den (immer wieder kalt abgespülten) Händen zu Kugeln rollen, anschließend in Kakao mit klein gemörserten Rosenblüten wälzen und kaltstellen.

Gekühlt serviert ein wahrer Genuss!

Rose

Vom Schnittlauch zur Schokominze

Adele Friderich *Sasbach*

Angefangen hatte es mit Schnittlauch und „Peterli", der Petersilie auf kaiserstühlerisch, die Elisabeth Friderich liebevoll gebüschelt an ihrem Stand auf dem Freiburger Münsterplatz anbot. Ihren Lauf nahm die Kräuterleidenschaft der Friderichs, als Schwiegertochter Adele in den Sasbacher Gärtnereibetrieb einstieg. Der Tradition folgend, stand auch sie drei Jahrzehnte lang fast jeden Tag auf dem Münsterplatz, wobei ihre Kunden nach immer wieder neuen Kräutersorten fragten. Adele Friderich recherchierte, beschaffte die Pflänzchen, erprobte die Anzucht, und so kam es „wie von selbst", wie sie sagt, dass das Angebot rasant wuchs und die Gärtnerei Friderich sich zu einem auf Kräuter spezialisierten Betrieb entwickelte.

Heute, unter der Leitung ihres Sohnes Klaus, liest sich das Sortiment wie ein „Who is Who" der Kräuter: 13 Sorten Basilikum, knapp 20 Thymiansorten, 26 verschiedene Salbei-Pflanzen und über 30 Minzen sind nur ein kleiner Ausschnitt des aus über 300 Kräutern bestehenden Angebots. Heilpflanzen wie Engelwurz, Johanniskraut, Beinwell oder Echinacea gibt es hier, aber auch Raritäten wie die echte Vanille-Orchidee, Myrte oder Ingwer. Modern geworden sind auch die Vertriebswege. Neben dem Großhandel haben Privatkunden heute die Möglichkeit, Kräuter in der Gärtnerei selbst zu schneiden oder online zu bestellen. Kräuter-Fans besuchen immer mittwochs die Vorträge in der Gärtnerei und das jährliche Kräuter-Fest am ersten Augustwochenende.

Adele Friderich, die sich etwas aus dem Tagesgeschäft zurückgezogen hat, hält immer noch gern Ausschau nach neuen Sorten und genießt die große Kräuterauswahl, die sie zum Kochen hat. Ihr „Bibbilikees" ist einer von zahlreichen Gaumengenüssen aus dem Hause Friderich...

Saladsoß', weä d' Klaus sie gärn het

[Salatsoße, wie Klaus sie mag]

zunächst Kräuter sammeln: *Dill, Borretsch, Zitronenmelisse, Pimpinelle, Eberraute, Tripmadam, Sauerampfer, Weinraute (davon nur ein Blättchen, wird sonst bitter) sollten dabei sein*

je nach Geschmack und Jahreszeit dürfen noch hinzu: *Majoran, Basilikum, Estragon, Schnittknoblauch, Bärlauch für noch mehr Würze, Kapuzinerkresse (auch die Blüten!), Rauke für etwas Schärfe, Ananas-Salbei, Frühlingssalbei, Austernpflanze, Eiskraut für etwas milderen Geschmack*

(Es darf gern eine ordentliche Hand voll Kräuter sein!)

- *1 EL Sauerrahm*
- *Salz, 1 Prise Zucker*
- *etwas Essig und Öl*

Sauerrahm, Salz, Zucker, Essig und Öl vermischen, die gewaschenen und fein gehackten Kräuter dazugeben und je nach Menge mit Essig und Öl strecken. Einen frischen Kopfsalat, möglichst direkt aus dem Garten, damit anmachen.

Auch andere Blattsalate, z.B. Eissalat, Romanosalat oder Lollo Rosso, sind sehr gut geeignet.

Man stelle sich vor, es ist Frühling: Der erste Kopfsalat ist reif, ein schöner sonniger Tag verlockt zu einem leichten Essen. Genau das richtige Ambiente für einen Salat mit dieser würzigen Kräutersoße!

Grooßmöaders Bibbilikees

[Omas Kräuterquark]

- *250 g Speisequark*
- *etwas Milch*
- *Salz, Prise Zucker*
- *$^1/_2$ rote Gemüsepaprika*
- *frische Kräuter je nach Jahreszeit und persönlichem Geschmack: z.B. Schnittknoblauch, Zimmerknoblauch, Sauerampfer, Eberraute, Fenchel, Liebstock, Pimpinelle, Tripmadam, Borretsch, Dill, Gewürztagetes, Kerbel, Portulak, Perilla, Minze, Oregano, Majoran, Petersilie, Muskatellersalbei, Thymian, Minz-Verbene oder Wildkräuter wie Löwenzahn, Gänseblümchen, zarte Brennnesselschösslinge, Vogelmiere*

Speisequark mit etwas Milch glattrühren, mit ordentlich Salz und einer Prise Zucker würzen. Gemüsepaprika waschen, entkernen und das Fruchtfleisch in kleine Würfel schneiden, zusammen mit den klein gehackten Kräutern untermischen. Nochmals mit Salz und Zucker abschmecken, evtl. mit etwas Milch abmildern. Je nach dem, welche Kräuter man verwendet, wird der Geschmack kräftig, mild oder minzig sein. Hier gilt: einfach ausprobieren.

Gridderforelle

[Kräuterforelle]

- *4 frische Fische, z.B. Forellen*
- *Salz*
- *4 Blätter Salbei*
- *4 Zweiglein Ysop*
- *ein wenig Weinraute*
- *nach Belieben 4 Blätter Sauerampfer*
- *Öl*

Die ausgenommenen Fische innen kräftig salzen und mit den Kräutern füllen. In einer Pfanne die Fische in reichlich Öl bei mittlerer Hitze beidseitig anbraten.

Grillschbießli

[Grillspieße]

- *500 g mageres Schweinefleisch*
- *250 g Kochspeck*
- *je 1 rote und gelbe Paprika*
- *3 kleine Zwiebeln*

für die Marinade:

- *je 2 EL Senf, Essig, Olivenöl*
- *einige gemörserte Pfefferkörner*
- *1 Peperonischote, halbiert*
- *1 Prise Zucker*
- *1 TL Salz*

- *je 1 Zweig:*

Dalmatinischer Salbei, Rosmarin (Corsican Blue), Thymian (Deutscher Winter), Majoran (ausdauernd), Griechischer oder Kretischer Oregano, Ysop, Estragon, Griechische Myrte, Lorbeer, Petersilie (krause oder italienische), Liebstock, Schnittsellerie, Zitronenstrauch, Zitronengras, Basilikum (African Blue)

Fleisch und Gemüse in mundgerechte Stücke schneiden und

abwechselnd auf Spieße (Metall- oder Schaschlikspieße) stecken. Kleiner Tipp: Am Anfang und am Ende immer ein Stück Fleisch, damit nichts herunterfällt.
Marinade-Zutaten untereinander vermengen und die grob zerkleinerten Kräuter dazugeben. Die Grillspieße über Nacht in die Kräutermarinade legen und gelegentlich wenden.
Schmeckt gegrillt echt lecker, denn die Kräuter geben ihren würzigen Geschmack ab! Die Kräuterzweige am besten in die Glut geben, dann zieht ein feiner Duft durch die Gegend.

Duftgeranie

Schbageddi mid e'me Zucchini-Sahne-Gridder-Seeßli

[Spaghetti mit Zucchini-Sahne-Kräuter-Soße]

- *1 Zwiebel*
- *5 kleine Zucchini*
- *4 Knoblauchzehen*
- *1 Becher Sahne*
- *250 g Schafskäse*
- *500 g Spaghetti*
- *Sonnenblumenöl*
- *Kräuter: sehr viel Basilikum, etwas Zitronenstrauch, einige Minzeblätter*

Nudeln bissfest kochen. Zwiebel klein schneiden, in einer großen Pfanne mit etwas Sonnenblumenöl andünsten, die klein geraspelten Zucchini dazugeben, kurz weiterdünsten. Die zerdrückten Knoblauchzehen hinzugeben und mit der Sahne auffüllen. Auf kleiner Flamme ca. 8 Min. köcheln. Vor dem Servieren klein geschnittene Kräuter und zerbröselten Schafskäse unter die Soße heben. Nudeln mit der Soße vermischt servieren.

Reährköäche mid Gridder

[Rührkuchen mit Kräutern]

- *300 g Mehl*
- *250 g Butter*
- *4-5 kleine Eier*
- *120 g brauner Zucker*
- *etwas Pfeffer und Nelken*
- *Vanillezucker*
- *1 Päckchen Backpulver*
- *1 Päckchen Vanillepuddingpulver*
- *evtl. frischer, klein geschnittener Ingwer*
- *Kräuter:*
- *1 Blatt Duftgeranie*
- *10 Blätter Zitronenstrauch*
- *3 Blätter Rosenmelisse*
- *4 Pfefferminzblätter*
- *2 Monardenblätter*
- *Schokoladenglasur*

Butter schaumig rühren, Zucker und Eier untermischen. Restliche Zutaten außer der Schokoladenglasur unterheben und mit dem Mixer zu einem leicht fließenden Teig verrühren. In eine mit Backpapier ausgelegte oder gefettete Kastenform füllen. Bei 180° ca. 20-35 Min. im Ofen backen. Vor dem Servieren mit Schokoladenglasur überziehen.

Bärlauch – eine Leidenschaft

Michaela Girsch *Merdingen*

Während sich andere Mädchen ihres Alters mit Lippenstift und Rouge auseinandersetzten, zog Michaela Girsch als Teenager lieber los, um Mädesüß zu pflücken und daraus einen Tee zu kochen, dessen Geschmack sie an ihren geliebten Vanilletee erinnerte. Sie grub Wurzeln aus, köchelte Salben, und bald wurde ihr klar, dass der Beruf der Heilpraktikerin der richtige für sie wäre.

Weil sie die Wärme und das Landleben so liebt, ist Michaela Girsch heute mit ihrer Familie und ihrer Praxis in Merdingen am Tuniberg zu Hause. Ein Schwerpunkt ihrer Arbeit ist die Phytotherapie, mit der sie ihre Patienten ganzheitlich behandeln kann. Heublumensäcke, Schafgarben- und Kohlwickel oder Senfmehlauflagen haben einen festen Platz in ihrer Praxis. Daneben ist die Heilpraktikerin als Dozentin an der Freiburger Heilpflanzenschule, als Fachbuchautorin und Referentin von Fortbildungsveranstaltungen für Landfrauen tätig. Und auch am Tumorzentrum der Uniklinik Freiburg, in Fördervereinen von Schulen und Kindergärten oder bei Senioren ist sie ein gern gesehener Gast, der viel von den Charakteren und Wirkungen der Heilpflanzen erzählen kann.

Privat kocht Michaela Girsch sehr gerne – am liebsten das ganze Jahr über mit frischem Bärlauch, wenn es denn möglich wäre...

Bärlauchsubbe

[Bärlauchsuppe]

(für 4 Personen)

- *8 mittelgroße, mehlig kochende Kartoffeln*
- *1 Zwiebel*
- *100 g Bärlauch*
- *½ l heiße Gemüsebrühe*
- *150 ml Milch*
- *Butter*
- *1 Msp. geriebene Muskatnuss*
- *Salz, Pfeffer*
- *Parmesan*

Kartoffeln schälen und in kleine Würfel schneiden. Zwiebel ebenfalls würfeln und mit Butter in einem Topf anbraten. Bärlauch waschen, klein schneiden und kurz mitdünsten. Kartoffeln dazugeben und die heiße Brühe angießen. Alles gut 10 Min. köcheln lassen, danach mit dem Pürierstab pürieren. Milch hinzufügen, kurz erhitzen und mit Salz und Muskat abschmecken. Mit frisch geriebenem Parmesan bestreut servieren.

Bärlauchfeld

beides lecker, Kuchen auch mit etwas Speck gut

Bärlauchpeschdo

[Bärlauchpesto]

Bärlauchblüte

- *50 g Pinienkerne oder geschälte Mandeln*
- *100 g Parmesan oder Pecorino*
- *100 g Bärlauch*
- *¼ l kaltgepresstes Olivenöl*
- *Salz*

Pinienkerne bzw. Mandeln in einer Pfanne vorsichtig anrösten und abkühlen lassen.
Zusammen mit den anderen Zutaten in einen Mixer geben oder pürieren, in Gläschen abfüllen.

Das Pesto hält sich, gut mit Öl bedeckt, monatelang im Kühlschrank.

Bärlauchköäche

[Bärlauchkuchen]

(für 1 großes Blech)

für den Teig:

- *250 g Mehl*
- *¼ TL Backpulver*
- *150 g Butter*
- *200 g Quark*
- *½ TL Salz*

für den Belag:

- *4 Handvoll Bärlauch*
- *1 große Zwiebel*
- *Butter*
- *2 Eier*
- *1 Becher Sahne*
- *1-2 EL Instant-Gemüsebrühe (Pulver)*
- *Pfeffer, Muskat*
- *Reibekäse nach Belieben*

Teigzutaten zu einem schönen Teig kneten und ½ bis 1 Std. kaltstellen. Auf einem gefetteten Backblech ausrollen. Die Zwiebel in Butter andünsten, den gewaschenen und klein geschnittenen Bärlauch dazugeben und leicht andünsten. Sahne, Eier und Gewürze miteinander verquirlen. Bärlauch auf dem Teig verteilen, die Eiersahne darüber gießen. Mit Reibekäse bestreuen. Bei 200° je nach Backofen 20-30 Min. backen.

Schlofwii

[Schlafwein]

- *0,7 l trockener Weißwein*

getrocknete Zutaten aus der Apotheke:

- *10 g Melissenblätter*
- *5 g Johanniskraut*
- *5 g Orangenblüten*
- *3 g Weißdornblüten*

Die Kräuter in ein großes Gefäß geben, mit dem Wein auffüllen und 10 Tage bei Zimmertemperatur stehen lassen. Täglich schütteln. Dann durch ein Tuch abgießen und kühl und dunkel aufbewahren.

Abends vor dem Schlafengehen ein Likörglas davon trinken. Die Kräuter wirken beruhigend, ausgleichend und schlaffördernd.

e fejn's Heilliggeerli

[Wohlschmeckender Heillikör]

- *350 ml Korn (32 %)*
- *50 g brauner Kandiszucker*

getrocknete Zutaten aus der Apotheke:

- *25 g Fenchelfrüchte*
- *10 g Anisfrüchte*
- *5 g Süßholzwurzel*

Fenchel und Anis anquetschen (mörsern) und zusammen mit den anderen Zutaten in ein großes Glas geben. 2-3 Wochen an einem warmen Ort ziehen lassen, öfters schütteln. Danach filtrieren, die Fenchel- und Anissamen ausdrücken und den Likör in eine hübsche Flasche füllen.
Hält ca. 1 Jahr.

Die verwendeten Kräuter wirken verdauungsfördernd, hustenreizlindernd und fördern das Abhusten. Zur Verdauungsförderung bei Bedarf nach dem Essen ein Likörglas davon trinken. Bei Husten zwei Likörgläser täglich entweder so trinken oder in heißen Hustentee geben (nicht für Kinder geeignet!).

Zuckerwurz und Erdbeerspinat

Dr. Thomas Gladis & Ellahe Irandust *Eichstetten*

Ein botanisches Kleinod besitzt das Wein- und Gemüsedorf Eichstetten am Kaiserstuhl mit seinem Samengarten, den man im Anschluss an den kilometerlangen Altweg erreicht.

„Kopf" des 8000 Quadratmeter großen Schaugartens, der von der Stiftung Kaiserstühler Garten unterhalten wird, ist der Biologe Dr. Thomas Gladis. Als einer der bundesweit bekanntesten Kulturpflanzenforscher ist er für die Konzeption des jährlich neu angelegten Gartens verantwortlich. Das Ziel der Stiftung, die Kulturpflanzenvielfalt am Kaiserstuhl zu erforschen, zu bewahren und zu fördern, erreicht Dr. Thomas Gladis durch seine ungebändigte Pflanzen-Sammelleidenschaft. So halten, mit Unterstützung seines Helfer-Teams, Kulturpflanzen im Samengarten Einzug, die große und kleine Besucher in Erstaunen versetzen: Raritäten wie Zuckerwurz, Gemüseampfer oder Erdbeerspinat und bis zu 40 Sorten Tomaten. Diese Vielfalt macht deutlich, welch unbekannte und vergessene Facetten der 8000 Jahre alte Kulturschatz unserer Nutzpflanzen hat. Gleichzeitig werden Zuchtversuche wie zum Beispiel der Anbau von Reis am Kaiserstuhl unternommen.

Ein Faible hat Dr. Thomas Gladis für die Kräuter und Rezepte der asiatischen Migranten. Von deren vorzüglichem Geschmack kann er sich regelmäßig überzeugen, wenn seine aus dem Iran stammende Ehefrau, Ellahe Irandust, liebevoll zubereitete Spezialitäten ihrer Heimat auftischt.

Samengarten Eichstetten
Öffnungszeiten:
Mai – Oktober täglich
Führungen: Juni – Oktober
am 2. Sonntag des Monats

Kukuje Sabsi

[iranisch]

- *500 g frische Kräuter (hauptsächlich Schnittlauch, glatte Petersilie, Blattkoriander, wahlweise auch Dill, sparsam: Bockshornklee)*
- *wahlweise 1 EL getrocknete Berberitzenfrüchte oder gehackte Walnüsse*
- *6-7 Eier*
- *Öl*
- *etwas Mehl, Salz und Pfeffer*

Blattkoriander

Kräuter waschen und fein hacken, mit Berberitzenfrüchten oder Walnüssen in eine Schüssel geben. Eier verquirlen, mit Salz und Pfeffer würzen, hinzugeben. Wenn der Teig sehr flüssig ist, mit etwas Mehl andicken. Öl in einer Teflonpfanne erhitzen, Teig wie Eierkuchen beidseitig backen, mit dem Pfannenschaber vierteln oder achteln. Heiß oder kalt servieren.

Dieses Gericht kann auch aus gekochten Auberginen oder Kartoffeln, geraspelten Möhren, Pastinaken oder Zucchini bzw. anderen Gemüsen zubereitet werden. Dazu wird gern ein mit Salz und Pfeffer gewürzter Joghurt und darin klein geschnittener Gurke und Dillspitzen gereicht.

Gorme Sabsi mit Reis

[iranisch]

- *frische Kräuter (z.B. 500 g Schnittlauch, 400 g glatte Petersilie, 80 g Koriander und 20 g Bockshornklee)*
- *750 g Lammschulter mit Knochen*
- *200 g Kidneybohnen aus der Dose*
- *3-5 getrocknete Limoamani (getrocknete Zitrusfrüchte)*
- *2-3 Zwiebeln*
- *Wasser*
- *Öl*
- *Salz und Pfeffer*
- *nach Belieben Basmati-Reis*
- *etwas Safran, Würfelzucker, Butter*
- *Brot- oder Kartoffelscheiben*
- *weitere frische Kräuter nach Belieben*

Fleisch vom Knochen lösen, klein schneiden und mit den Zwiebeln in Öl anbraten. Bohnen und eingeschnittene Limoamani hinzugeben und mit Wasser knapp bedecken. Kräuter waschen und fein hacken, in Öl scharf anbraten, bis sie ganz dunkel sind, anschließend in den Topf

geben, mit Salz und Pfeffer abschmecken. Auf kleiner Flamme 2-3 Std. köcheln, gelegentlich umrühren.

Reis waschen, bis das Wasser klar bleibt. In einen Teflon-Topf geben und Wasser hinzufügen, bis es reichlich übersteht, salzen. Reis kochen, bis er zu etwa $^2/_3$ gar ist. Anschließend durch ein Sieb abgießen, Kochwasser auffangen. Ein Trinkglas zu

$^2/_3$ mit Kochwasser und $^1/_3$ Öl füllen, in den Teflontopf gießen. Brot- oder dünne Kartoffelscheiben auf den Topfboden legen. Mit Reis auffüllen, Topf mit einem Tuch und dem Topfdeckel schließen. Zu Anfang mit großer Flamme aufsetzen, danach – wenn der Dampf austritt – kleiner stellen und ca. $^1/_2$ Stunde garen lassen. Die Reiskörner sollen nicht verkleben.

Iranischer Schnittlauch

Safran mit $^1/_2$ Stück Würfelzucker zermahlen, etwas (!) heißes Wasser zugeben, umrühren. 2 EL Reis in ein Gefäß geben, mit dem Safran verrühren. Garen Reis stürzen, die obere Schicht (Brot oder Kartoffeln sind goldgelb und knusprig gebraten und heißen dann „Tadig“) wird abgenommen und separat serviert. Den lockeren Reis mit dem Safranreis verzieren, noch etwas Butter hinzugeben, die dann schmilzt. Heiß zum Gemüse servieren. Zusätzlich können auf einem Teller frische Kräuter angeboten werden (z.B. Basilikum, Estragon, Gemüsezwiebeln, Minze, Radieschenblätter, Schnittlauch).

Im Iran ist ein etwas anderer Schnittlauch gebräuchlich, der eher mit dem Porree verwandt ist und ähnlich wie dieser schmeckt.

Abgoschte Bozbasch

[iranisch]

- *750 g Lammfleisch mit Knochen*
- *500 g frische Kräuter (darunter z.B.: 200 g Schnittlauch, 180 g Petersilie, 70 g Koriander)*
- *150 g Kidneybohnen aus der Dose*
- *3-5 getrocknete Limoamani (getrocknete Zitrusfrüchte)*
- *1 Zwiebel*
- *5-6 Kartoffeln*
- *Wasser*
- *Öl*
- *Salz und Pfeffer*
- *Kukurma*

Limoamani

Fleisch vom Knochen lösen, klein schneiden und mit Zwiebel, Bohnen und 5-6 Glas Wasser auf kleiner Flamme kochen, getrocknete Limoamani dazugeben. Kräuter waschen und fein hacken, in Öl etwas anbraten und in den Topf geben. Kartoffeln schälen, bei Bedarf halbieren oder vierteln, hinzugeben und mitgaren. Mit Salz, Pfeffer und Kukurma abschmecken. Heiß servieren.

Bockshornklee

Asch

[iranisch]

- *500 g Hackfleisch vom Rind*
- *1 kg Asch-Kräuter: Schnittlauch, glatte Petersilie, Minze, Koriander, frischer oder Tiefkühl-Spinat*
- *200 g Reis*
- *2-3 EL gebratene Zwiebeln*
- *125 g Kichererbsen*
- *125 g Kidney-Bohnen*
- *500 g Sauerkirschen*
- *500 g grüne (unreif gepflückte) Mirabellen oder Kirschpflaumen*

Koriander

- *500 g Aprikosen*
- *100 g Weizen (geschält)*
- *Salz, Pfeffer, Zucker*
- *Kurkurma nach Belieben*

Gebratene Zwiebeln, Kichererbsen, Bohnen, Weizen und evtl. Kukurma mit 5-6 Glas Wasser kochen. Reis dazugeben und mitgaren. Kräuter waschen und fein hacken. Wenn der Reis gar ist, Kräuter hinzufügen. Aus dem nach Belieben gewürzten Hackfleisch sehr kleine Bällchen formen und dazugeben. Alles auf kleiner Flamme köcheln, ab und zu umrühren. Obst entsteinen, bei Bedarf zerkleinern und in den Topf geben. Im Winter kann man auch getrocknetes Obst verwenden, das vorher eingeweicht wird. Mit Salz und Pfeffer würzen. Zum Schluss mit etwas Zucker verfeinern. Heiß servieren.

Viele iranische Gerichte wie z.B. Asch und Gorme Sabsi werden sehr lange auf kleiner Flamme gegart, oft über Nacht.

Beten, Beete, Bibelgarten

Schwester Guda *Kloster St. Lioba, Freiburg-Günterstal*

Sofern das Wetter und die Kräfte es zulassen, ist Sr. Guda mit ihren 78 Jahren täglich mit Hacke und anderem Gerät auf dem Gelände des Klosters St. Lioba in Freiburg-Günterstal anzutreffen. Als Gartenschwester ist sie zuständig für den wunderschönen, 700 qm großen Heilkräuter- und Bibelkräutergarten, der die Klosteranlage seit Herbst 2005 bereichert.

Die von Apotheker Dr. Egbert Meyer-Buchtela konzipierte Anlage umfasst einen Heilkräutergarten, einen Bereich mit „mystischen“ und symbolischen Pflanzen, Beete mit Küchen- und Duftkräutern sowie einen „Biblischen Garten“ mit Pflanzen, die in der Bibel eine besondere Rolle spielen.

Da alle Pflanzungen als Hochbeete angelegt sind, kommen die Besucher noch besser in Kontakt mit den mehr oder weniger bekannten Naturschönheiten wie Ysop, Myrrhe, Engelwurz oder Alant, über die Sr. Guda, Dr. Egbert Meyer-Buchtela und die Ärztin Dagmar Müller-Mobashery bei ihren Führungen viel zu erzählen wissen.

Besonders die Heilkräuter haben in St. Lioba eine lange Tradition. Sr. Jacoba (1901-1972) war lange Jahre die Apothekerin und Kräuterfrau im Kloster und hat viele wertvolle Kräuterrezepte zusammengestellt. Durch Zufall wurden die verschollen geglaubten Rezepte vor wenigen Jahren wiederentdeckt. Kräutertee-Mischungen nach ihren Rezepten sind heute im Klosterladen von St. Lioba erhältlich, in dem sich das Stöbern nach einer Gartenbesichtigung lohnt.

Öffnungszeiten Kräutergarten:

Mo-Fr 10-12 Uhr und 14.30-17.30 Uhr
Sa/So 10.30-12 Uhr und 14.00-17.00 Uhr
Führungen nach Vereinbarung

Öffnungszeiten Klosterladen:

Mo - Sa 10 - 12 und 14.30 - 17 Uhr

<u>Für alle Teerezepturen auf diesen Seiten gilt:</u>
1-2 TL der Kräutermischung mit ca. 150 ml kochendem Wasser übergießen, 5 Min. bedeckt ziehen lassen und abschließend abseihen.

<u>Empfehlung:</u> Abends zwei bis drei Tassen trinken.

Hüüstee nach Schweschder Jacobas Rezept

[Schwester Jacobas Haustee]

wohlschmeckend und bekömmlich

- *20 g Pfefferminzblätter*
- *20 g Waldmeisterkraut*
- *20 g Brombeerblätter*
- *20 g Himbeerblätter*

Schwester Jacobas harmonisch komponierte Haustee-Mischung begleitet Jung und Alt von früh bis spät.

e Teeli fir d' Obend

[Guten-Abend-Tee]

ausgleichend und harmonisierend

- *25 g Brombeerblätter*
- *25 g Pfefferminzblätter*

Schwester Jacobas Guten-Abend-Tee mit Pfefferminzaroma ist ein feiner Kräutertee, mit dem man den Tag gemütlich ausklingen lassen kann.

24-Gridder-Teeli

[24-Kräuter-Tee]

belebend und kräftigend

<u>jeweils 3 g von folgenden Kräutern:</u>
- *Angelikawurzel (Engelwurz)*
- *Anisfrüchte*
- *Baldrianwurzel*
- *Bärentraubenblätter*
- *Bibernellwurzel*
- *Brombeerblätter*
- *Ehrenpreiskraut*
- *Holunderblüten*
- *Johanniskraut*
- *Löwenzahnwurzel mit Kraut*
- *Petersilienwurzel*
- *Pfefferminzblätter*
- *Salbeiblätter*
- *Schachtelhalmkraut*
- *Schafgarbenkraut*
- *Schlehdornblüten*
- *Sennesblätter*
- *Spitzwegerichkraut*
- *Thymiankraut*
- *Waldmeisterkraut*
- *Wermutkraut*
- *Korianderfrüchte*
- *Brennnesselblätter*
- *Fenchelfrüchte*

Schwester Jacobas 24-Kräuter-Tee, eine traditionelle Komposition aus sorgfältig ausgesuchten Kräutern, ist ein kräftig schmeckender, bekömmlicher Kräutertee.

e Teeli zum Endschbanne

[Entspannungstee]

ausgleichend und entspannend

- *30 g Baldrianwurzel*
- *20 g Melissenblätter*
- *30 g Lavendelblüten*
- *20 g Kamillenblüten*

Dieser gut schmeckende, bekömmliche Kräutertee nach Schwester Jacobas Rezept sorgt für Stunden der Entspannung.

ebbis Göäds fir d' Maage

[Schwester Jacobas Magenfreund]

beruhigend und schonend

jeweils 15 g von folgenden Kräutern:

- *Korianderfrüchte*
- *Fenchelfrüchte*
- *Kümmelfrüchte*
- *Anisfrüchte*
- *Pfefferminzblätter*
- *Wermutkraut*

Schwester Jacobas Magenfreund ist ein feiner, bekömmlicher Kräutertee aus sorgfältig ausgesuchten Kräutern. Sie schenken Entspannung, beruhigen und schonen.

Klosterladen

Weäscht-Wedder-Tee

[Wind-und-Wetter-Tee]

wärmend und stärkend

jeweils 15 g von folgenden Kräutern:

- *Wollblumenblüten*
- *Kamillenblüten*
- *Mädesüßblüten*
- *Lindenblüten*
- *Holunderblüten*
- *Weidenrinde*

Schwester Jacobas Wind-und-Wetter-Tee schenkt Wärme und Entspannung.

Obendtee fir wohlehrwürden' Priorin

[Abendtee für wohlehrwürden' Priorin]

- *5 g Fenchel*
- *5 g Anis*
- *5 g Kümmel*

- *1,1 g Wermut*
- *10 g Kamille*
- *20 g Stiefmütterchen*
- *20 g Spitzwegerich*

Hagebutte

Kandierdi Hagebudde

[Kandierte Hagebutten]

- *1 kg Hagebutten*
- *1 kg Zucker*
- *300 g Essig*
- *300 g Wasser*

Reife rote und feste Früchte waschen und von Stiel und Blüte befreien.
Die Früchte halbieren und mit einem Teelöffel die Kerne und Haare entfernen. Zucker, Essig und Wasser zusammen aufkochen, abschäumen und die Früchte ungefähr $^{1}/_{2}$ Std. darin kochen (sie dürfen nicht verkochen!). Noch warm in ein oder mehrere Gläser abfüllen und verschließen.

Rahmkaramällä

[Rahmkaramellen]

- *$^{1}/_{2}$ l dicker Rahm (z.B. Creme fraîche 40 %)*
- *250 g Zucker*
- *Mark von 1 Vanilleschote*

Rahm mit Zucker und Vanillemark so lange unter Rühren kochen, bis er sich bräunt und dick wird. Ein Backblech mit Öl bepinseln, den Rahm zügig darauf gießen und zu einer $^{1}/_{2}$ cm dicken Schicht verteilen. Mit einem in Öl getauchten Messer die Masse leicht in ca. 1 $^{1}/_{2}$ cm große Würfel unterteilen, so dass man die Karamellen nach dem Erkalten gut auseinanderbrechen kann.

Hinter's Rathaus verduftet

Edith Müller & Trudel Gugel *Ihringen*

Wer an einem sonnigen Tag immer der Nase nachgeht, findet irgendwann den kleinen, aber feinen Duft- und Kräutergarten von Ihringen. Nach dem Konzept des Biologen Reinhold Treiber vom Naturzentrum Kaiserstuhl haben Ihringer Landfrauen und Winzer im „Schlupf" hinter dem Rathaus ein kleines Paradies mit über 60 Wild- und Gartenkräutern entstehen lassen.

Wo sich einst die Dorfjugend im Mondschein traf, tummeln sich heute Touristen, die an Minze und wildem Majoran riechen und vor allem Kinder, die manchmal schier nicht mehr zu bremsen sind. Kaum sind sie mit Edith Müller am Gärtchen angekommen, ziehen sie ihre Strümpfe aus, um über den als Barfuß-Parcours angelegten Weg aus Löß, Vulkangestein, „Silvaner-Parkett" aus aufgesägten Rebknorren und Rheinkieseln zu laufen und dabei Pflanzen und Insekten zu entdecken.

Edith Müller und Trudel Gugel, die stellvertretende Vorsitzende der Ihringer Landfrauen mit einer Ausbildung zur Kräuterpädagogin, sind zwei von einigen Bürgerinnen und Bürgern, die sich liebevoll um die Pflege des Duft- und Kräutergartens kümmern und gerne an diesem idyllischen Ort verweilen.

Bei den Führungen mit Edith Müller darf genascht werden: Nicht nur Sauerampfer und Rucola, sondern auch von den Beerensträuchern, die neben dem Gärtchen wachsen und von der kulinarischen Vielfalt des Kaiserstuhls zeugen. Und wer dann noch die wunderschön blühende Indianernessel entdeckt, darf einige Stängel davon mit nach Hause nehmen, um sich einen aromatischen Tee daraus zu kochen.

Öffnungszeiten Duft- und Kräutergarten:
täglich

Wegbeschreibung: erreichbar über die Riedengartenstraße an der Rückseite des Rathauses,weiter über einen schmalen Fußweg.

Fruehjohrstrunk

[Frühlingscocktail]

- *1 Handvoll Vogelmiere (auch „Hühnerdarm" genannt)*
- *Buttermilch*
- *Orangensaft*

Gewaschene Vogelmiere mit Buttermilch im Mixer zerkleinern, Orangensaft hinzufügen – ein leckeres und vitaminreiches Getränk!

Vogelmiere

Mädesueß-Saft

[Mädesüß-Saft]

- *7-8 Blüten vom Mädesüß*
- *$^1/_2$ kg Zucker*
- *1 $^1/_2$ Zitronen, in Scheiben*
- *3$^1/_2$ l Wasser*
- *25 g Weinsteinsäure*

Blüten, Zucker und Zitronen in einen Topf geben und mit dem Wasser aufkochen, über Nacht stehen lassen. Am nächsten Tag nochmals erhitzen, Weinsteinsäure hinzufügen und bei 75° in Gläser oder Flaschen abfüllen.

Mädesüß

Das Mädesüß wurde früher zum Süßen von Met verwendet, woher auch der Name stammen könnte. Es gilt neben der Weidenrinde als unser pflanzliches Aspirin.

Kaiserstuehler „Kabern"

[Kaiserstühler „Kapern"]

- *2 Handvoll Knospen (gemischt oder getrennt), z.B. Löwenzahn- und Gänseblümchen-Knospen, Fruchtstände von Breit- und Spitzwegerich*
- *4 kleine Zwiebeln*
- *6 Knoblauchzehen*
- *$^1/_2$ TL Salz*
- *1 Prise Zucker*
- *$^1/_4$ l Weißwein*
- *6 EL Essig*
- *2 EL Öl*

Kräuterknospen mit grob gehackten Zwiebeln in etwas Öl andünsten, Flüssigkeit und Gewürze hinzugeben, ca. 5 Min. köcheln lassen. Anschließend sehr heiß in Twist-off-Gläser füllen und verschließen.

Diese „Kapern" eignen sich auch vorzüglich als Beigabe zu einem kalten Vesper.

Indianernessel (Monarda)

Marinierder Briekaes uff'm Kritterbett

[Marinierter Briekäse auf dem Kräuterbett]

- *600 g Briekäse*
- *2 Knoblauchzehen*
- *15 Zitronenverbenenblätter*
- *4 Stängel Dost*
- *2-3 Stängel Pfefferminze oder andere würzige Kräuter*
- *Beinwell- und Pfefferminzblätter zum Auslegen*

für die Marinade:
- *200 ml Olivenöl*
- *100 ml Wasser*
- *Schuss Zitronensaft*
- *Zucker, Salz, Pfeffer*

Den Boden und Rand einer Schüssel mit Beinwell- und Pfefferminzblättern auslegen. Käse in Gabelbissen schneiden. Knoblauch fein hacken. Kräuterblätter abzupfen, grob hacken und mit Knoblauch vermischen. Marinade-Zutaten miteinander verrühren. Abwechselnd eine Lage Käse und eine Lage Kräuter in die Schüssel schichten. Mit einer Lage Kräuter enden, Marinade darüber gießen und mind. einen halben Tag im Kühlschrank ziehen lassen.

Mit Bauernbrot eine feine Vorspeise oder Idee für ein kaltes Buffet!

Beinwell

Grueni Schuehsohla

[Grüne Schuhsohlen]

- *Wildkräuter wie z.B. Spitzwegerich, Gundermannblättchen, Löwenzahn, Giersch, Wiesenschaumkraut, junge Schafgarbenblättchen*
- *$^{1}/_{2}$ kg Kartoffeln*
- *1 Ei*
- *etwas Mehl, Salz, Pfeffer*

Kartoffeln kochen, durch die Kartoffelpresse drücken, mit fein gehackten Kräutern, Ei, Mehl, Salz und Pfeffer zu einem Teig verkneten. Daraus „Schuhsohlen“ formen und auf ein gefettetes

Backblech setzen. Man kann sie bei 200° natura backen, bis sie knusprig braun sind oder vorher noch mit Pilzen, Schinkenwürfeln oder getrockneten Tomaten belegen.

Kalbsteak im Zängnesslesome-G'wand

[Kalbsteak im Brennnesselsamen-Gewand]

- *4 Kalbsteaks (vom Rücken oder aus der Hüfte)*
- *2 Handvoll Brennnesselsamen*
- *2 EL Mehl*
- *2 Eier*
- *Bratöl*
- *Pfeffer, Salz*

Brennnesseln sammeln, Samen abrebeln, trocknen und auf einem flachen Teller ausbreiten. Steaks behutsam flach klopfen und würzen. Das Fleisch im Mehl und in den verschlagenen Eiern wenden und mit den Brennnesselsamen panieren. In einer Pfanne reichlich Öl erhitzen und die Steaks bei mittlerer Hitze darin braten.

Dazu kann man Kartoffelbrei oder ein Gemüsepüree reichen.

Lasagne mit Lachs un' Rucola

[Lasagne mit Lachs und Rucola]

- *1 Büschel Rucola*
- *2 Schalotten*
- *250 g Pilze*
- *300 g geriebener Käse*
- *400 g Filet vom Lachs*
- *2 EL Zitronensaft*
- *Salz, Pfeffer*
- *3 EL Butter*
- *2 EL Mehl*
- *1/8 l Weißwein*
- *2 Becher Sahne*
- *Gemüsebrühe*
- *3-4 Zitronenverbenenblätter*
- *12 Lasagneblätter (ohne Vorkochen)*

Rucola waschen, antrocknen und grob hacken, Schalotten fein würfeln. Pilze putzen und in Scheibchen schneiden. Lachsfilet mit Zitronensaft beträufeln, würzen und in Würfel schneiden. Circa die Hälfte der Butter erhitzen und den Lachs darin braten. Aus der Pfanne nehmen, nochmals etwas Butter hineingeben, Pilze anbraten und würzen. Backofen auf 180° vorheizen. In der restlichen Butter die Schalotten dünsten, Mehl darüberstäuben und kurz anschwitzen. Mit Wein, Sahne und Gemüsebrühe ablöschen und 10-15 Min. köcheln lassen. Die Hälfte des Käses in die Soße geben und mit gehackten Zitronenverbenenblättern und Gewürzen abschmecken. Auf den Boden einer gefetteten Auflaufform eine dünne Schicht Soße geben, darüber Teigblätter, Pilze, Lachs und Rucola schichten und weiter so verfahren, bis alles aufgebraucht ist. Mit Soße und restlichem Käse bedecken und ca. 40 Min. überbacken.

Rucola

Ein Rebberg mit magischen Kräften

Gabriele Heublein
Gottenheim

Die Gottenheimer Bürgergruppe Naturschutz ist so etwas wie die „Keimzelle" des Heil- und Hexenkräuter-Rundwegs, der seit Mai 2008 die alten Rebhänge des Tunibergdorfs bereichert. Dem Engagement von Gabriele Heublein und der Unterstützung von Winzergenossenschaft und Gemeindeverwaltung ist es zu verdanken, dass Touristen und Einheimische an 22 Stationen Erstaunliches, Nützliches und Amüsantes über die Heil- und Hexenkräuter erfahren, die am Wegrand gedeihen.

Weil sie gern ganzheitlich arbeitet, war es der Diplom-Psychologin und Psychotherapeutin Gabriele Heublein bei der Konzeption des Rundwegs wichtig, den Passanten die Natur auch auf der seelischen Ebene nahezubringen. Die Beschäftigung mit den Pflanzen vor ihrer Haustür soll die Menschen aus ihrer zunehmend künstlich geschaffenen Alltagswelt herausholen und zur Natur, dem Ursprung des Lebens, zurückführen.

Besonders spannend ist die geführte Kräuterwanderung, die jährlich im Mai stattfindet. Gabriele Heublein weiß dann viel zu erzählen von den „magischen" Kräutern der weisen Frauen von damals: vom Schlehdorn, der das Haus vor Hexen und bösen Geistern schützen soll, vom Beifuß, der – zum Gürtel geflochten und beim Sprung über das Johannisfeuer getragen – vor Krankheiten bewahren soll oder vom Efeu, das sich eine Frau unter das Kopfkissen legt, wenn sie ihren Liebsten an sich binden will.

Heil- und Hexenkräuter-Rundweg Gottenheim
- ca. 3 km lang
(entlang des Rebhisli-Tour-Rundwegs)
Ausgangspunkt: Friedhof

Luschd machend's Meäsli

[Heiße-Liebe-Müsli]

- *Brennnesselsamen*
- *beliebige Müslimischung oder Joghurt*

Während des Sommers die Samen der Brennnessel sammeln. Gut trocknen lassen und in Schraubgläsern aufbewahren. Ein Esslöffel davon unter die Müslimischung oder ins Joghurt gerührt, kann zu einer aphrodisierenden (luststeigernden) Wirkung führen...

Bärlauch-Kratzede

[„Kratzede“ mit Bärlauch]

- *eine Handvoll Bärlauch*
- *200 g Mehl*
- *ca. 200 ml Milch*
- *1 Ei*
- *1 Prise Salz*
- *evtl. Backpulver*
- *Butterfett*

Aus Mehl, Milch, Ei und Salz einen Pfannkuchenteig zubereiten. Wer die Kratzede besonders luftig mag, kann ein wenig Backpulver unter das Mehl mischen. Den Teig $^1/_4$ bis $^1/_2$ Std. quellen lassen. Inzwischen eine kleine Handvoll Bärlauch waschen, trocknen und klein schneiden. Unter den Teig mischen und mit Butterfett Pfannkuchen backen. Damit daraus badische „Kratzede“ werden, muss der Pfannkuchen während des Backens mit Gabeln oder Kochlöffeln in kleinere Stücke zerteilt werden, die auf jeder Seite fertig gebacken werden.

Bärlauch-Kratzede passt hervorragend zum Tuniberg-Spargel mit Sauce Hollandaise. Sollte der Bärlauch schon verblüht sein, kann man stattdessen auch Schnittlauch nehmen.

Holunderblüten

Holderkeächli

[Holunderküchle]

- *150 g Mehl*
- *1 Prise Salz*
- *1 Ei*
- *ca. 100 ml Milch*
- *Holunderblütendolden*
- *Frittieröl*
- *Puderzucker*

Mehl, Salz, Ei und Milch verrühren, so dass ein dickflüssiger Teig entsteht. Wenn der Teig zu dick ist, noch mehr Milch hineinrühren. Den Teig 1/4 Std. quellen lassen. Ganze Holunderblütendolden etwas abschütteln, um eventuelle Insekten zu entfernen. Nicht waschen! Die Dolden am Stiel halten und in den Teig tauchen. In einer Pfanne oder einem größeren Topf die Dolden in Frittieröl mit den Blüten nach unten hellbraun ausbacken. Mit Puderzucker bestäuben und am besten noch warm servieren.

Das Gebäck kann am Stiel gehalten und so gegessen werden – schmeckt köstlich!

Holunderbeeren

Im Volksglauben galt der schwarze Holunder als Abwehrmittel gegen Hexen und Blitzschlag. Der Holunderbusch beherberge wohlgesinnte Hausgeister, weshalb er bis heute an vielen alten Häusern wächst und es bei Strafe verboten war, einen „Holler" zu fällen.

Holdersirup

[Holundersirup]

- *ca. 300 g Holunderblütendolden*
- *Wasser*
- *Zucker*

Abgeschüttelte Holunderblütendolden in einen Topf geben und gerade so mit Wasser bedecken. 24 Std. zugedeckt stehen lassen. Dann die Blüten entfernen und die Flüssigkeit mit einem Kaffeefilter filtrieren. Diese duftende Brühe mit 1 kg Zucker auf 1 l Flüssigkeit aufkochen und langsam heiß in Flaschen mit Twist-off-Deckel füllen. Auf dem Kopf stehend abkühlen lassen. So konserviert, ist der Sirup lange haltbar.

Ein Schuss Sirup ins Mineralwasser oder in den Sekt ergibt ein aromatisch duftendes Getränk, das mit darin schwimmenden Duftrosen-Blütenblättern auch optisch ansprechend ist.

Hildegard-Ejs

[Hildegard-Eis]

- *500 ml Sahne*
- *Zucker nach Belieben (probieren, ob süß genug!)*
- *2 EL gemahlene Muskatnuss*
- *2 EL gemahlener Zimt*
- *$^1/_2$ EL gemahlene Nelken*

Alle Zutaten gut miteinander verrühren, in die vorgekühlte Eismaschine füllen und so lange rühren, bis das Eis die gewünschte Konsistenz hat – oder in das Tiefkühlfach stellen und immer wieder umrühren. Bis zum Gebrauch einfrieren oder gleich servieren.

Hildegard*-Eis macht den Kopf klar, schärft den Geist, aber bitte auf die Dosis achten! Erwachsene sollten von diesem Eis pro Tag nicht mehr als 1-2 Kugeln essen. Kinder höchstens eine! Muskatnuss kann das Gehirn so anregen, dass man Wahrnehmungsstörungen bekommt, wenn man zuviel davon zu sich nimmt.

*Hildegard von Bingen

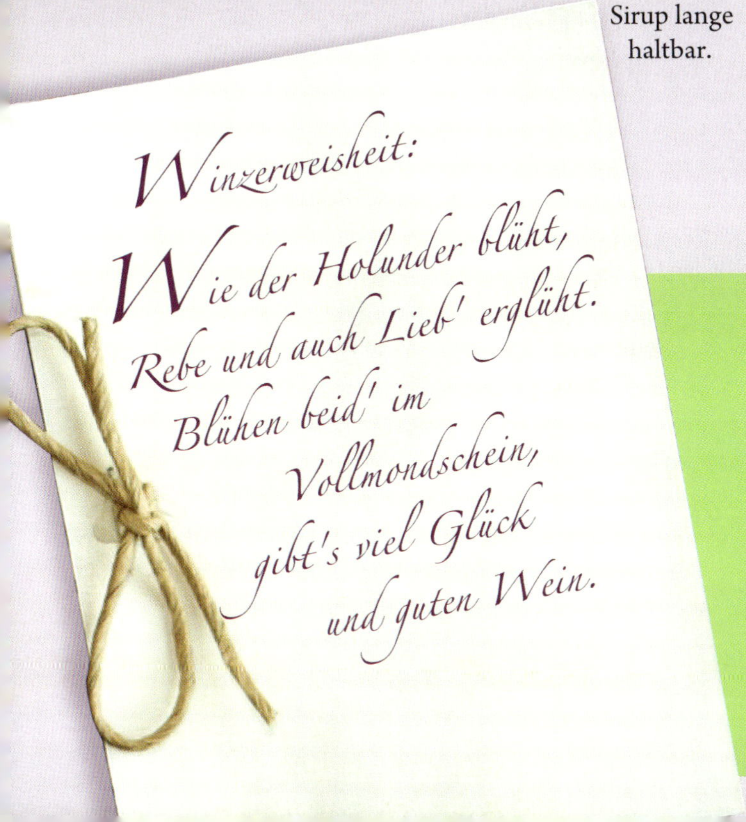

Abschied vom Einheitsbrei

Gerhard Hug *Stegen-Eschbach*

Er bringt es schnell auf den Punkt: Gerhard Hug will mit seiner täglichen Arbeit dazu beitragen, das Bewusstsein für eine gute Ernährung bei den Menschen zu wecken. Seit 35 Jahren pilgern Feinschmecker zu seinem Landhotel Reckenberg in Stegen-Eschbach, in dessen Küche er in phantasievollen Kreationen Wild- und Gartenkräuter zur geschmacklichen Höchstform bringt.

Kaninchenrückenfilet auf Unkrautsalat, Rheinzander mit Giersch und getrockneten Tomaten oder eingemachtes Kalbfleisch mit jungem Sauerampfer sind nur einige Beispiele, die von einer großen Liebe zur Natur und hochwertigen Produkten aus der Region zeugen. „Schöpfen" kann das Küchenteam aus dem reichhaltigen Kräutergarten am Haus und vor allem aus der grünen Schatztruhe des Reckenbergs, wie der „Hausberg" der Familie Hug heißt.

Wer Patron Gerhard Hug einmal über die Schulter schauen möchte, besucht einen seiner Kochkurse, die immer mit einer Kräuterwanderung beginnen. Direkt danach werden die gesammelten Köstlichkeiten gemeinsam zu einem Menü verarbeitet und mit passenden Weinen genossen. Ein weiteres Highlight sind die jährlich an einem Augustwochenende stattfindenden „Reckenberger Landtage". In der Gartenanlage seines Landhotels präsentiert Gerhard Hug dann ein abwechslungsreiches Programm zu den Themen Kultur, Kunst, Brauchtum, Gesundheit und Ernährung mit Erzeugern und Künstlern aus dem Dreiländereck.

Landhotel Reckenberg,
Stegen-Eschbach im Schwarzwald
Warme Küche: 12-14 Uhr und 18-22 Uhr
Ruhetage: dienstags ganztags und mittwochs bis 17.30 Uhr

Gnaggig's Gmeäs in Kaskadethiemian-Gelee

[Knackiges Gemüse in Kaskadenthymian-Gelee]

- *1 Zucchini*
- *1 Aubergine*
- *2 rote Paprika*
- *2 gelbe Paprika*
- *2 Rote-Bete*
- *$^1/_2$ l kräftige Gemüsebrühe*
- *4 Kaskadenthymianzweige*
- *1 EL weißer Balsamico*
- *8 Blatt Gelatine*
- *Knoblauchöl, Butter*

Für das Gelee Brühe und Balsamico erhitzen. Kaskadenthymianzweige und eingeweichte, ausgedrückte Gelatine dazugeben. Nach 20 Min. die Zweige aus der Brühe nehmen.

Rote Paprika bei 180° im Backofen erwärmen, bis sich die Haut löst. Danach abziehen. Rote-Bete kochen, bis sie weich sind und die Haut abziehen.

Zuchini, Aubergine und Rote-Bete in ca. 5 mm dicke Scheiben schneiden. Paprika mit einem Ring (Durchmesser in Tassengröße) ausstechen. Die Gemüsescheiben mit Knoblauchöl bestreichen, mit Salz und Kaskadenthymian würzen und in der Pfanne mit Butter kurz anbraten. Danach erkalten lassen.

Das Gemüse schichtweise in eine Tasse geben und mit Gelee ausgießen. Im Kühlschrank 3 Std. fest werden lassen.

Gemüsegelee aus der Tasse stürzen (Tasse kurz in heißes Wasser tauchen). Als wunderbaren Einstieg für ein Menü kann man es mit Aprikosen und Taglilienblüten servieren.

Der Kaskadenthymian bildet lange Ranken mit länglichen, schmalen Blättern und ist so eine Zierde für Trockenmauern und Kräuterspiralen. Mit ihm lässt sich auch ein aromatischer Kräutertee zubereiten.

Kaskadenthymian

I'g'legdi Hagebudde

[Eingelegte Hagebutten]

- *1 kg Hagebutten*
- *350 g Zucker*
- *3/4 l Wasser*
- *3 EL weißer Balsamico*

Die sauber geputzten und gewaschenen, vollreifen Früchte von Stiel und Blüte sowie von den Kernen befreien. Den Zucker hell karamellisieren und mit Wasser ablöschen. Kochen, bis sich der Zucker aufgelöst hat, danach den Balsamico dazugeben. Die Früchte im heißen Sud ziehen lassen, bis sie weich sind. Mit ausreichend Flüssigkeit heiß in Gläser füllen und gut verschließen.

Diese eingelegten Früchte sind eine herrliche Beigabe zu einem Hirsch- oder Rehrücken.

Schofgarbe-peschdo weä uf'm „Reggeberg"

[Schafgarbenpesto à la „Reckenberg"]

- *200 g gemahlene Haselnüsse*
- *200 g geriebener Schwarzwälder Bergkäse*
- *100 g gehackte zarte Schafgarbenblättchen*
- *0,4 l kaltgepresstes Sonnenblumenöl*

Alle Zutaten gut vermengen und 1 Tag ruhen lassen, danach ist das Pesto gebrauchsfertig.

Dieses Pesto eignet sich hervorragend für die Kruste des Rückens eines Reckenberger Berglamms.

Waldmeischderquarg mid kandierde' Väjilibleäde

[Waldmeisterquark mit kandierten Veilchenblüten]

für die kandierten Veilchenblüten:
- *1 EL Gummiarabikum (aus der Apotheke)*
- *etwas Wasser*
- *Zucker*
- *frisch gepflückte, wilde Veilchenblüten*

für den Waldmeistersirup:
- *1 l Wasser*
- *650 g Zucker*
- *Saft von 1 Zitrone*
- *ein Sträußchen Waldmeister*

für den Waldmeisterquark:
- *500 g Quark*
- *Schale und Saft von 1 Zitrone*
- *$^1/_{10}$ l Weißwein*
- *$^2/_{10}$ l Waldmeistersirup*
- *5 Blatt Gelatine*
- *250 g Sahne*

- *Erdbeeren zur Garnitur*

Für die kandierten Veilchen das Gummiarabikum mit etwas Wasser zu einem flüssigen Brei anrühren. Veilchenblüten damit einpinseln, mit Zucker bestreuen und ca. 3 Tage trocknen lassen. Danach sind sie verzehrfertig.

Für den Waldmeistersirup Wasser zum Kochen bringen. Zucker darin auflösen, Zitronensaft dazugeben und ein Sträußchen Waldmeister in den Topf hineinhängen. 1-2 Std. ziehen lassen. Filtrieren, in Flaschen füllen und kühlstellen.

Für die Quarkspeise Waldmeistersirup und Wein aufkochen. In kaltem Wasser eingeweichte und ausgedrückte Gelatine dazugeben. Zitronenschale, -saft und Quark in die noch warme Flüssigkeit geben, gut verrühren. Bevor die Masse fest wird, die geschlagene Sahne unterheben, in Förmchen füllen und im Kühlschrank ca. 3 Std. fest werden lassen. Zum Servieren stürzen, auf Tellern anrichten und mit Erdbeeren und kandierten Veilchen garnieren.

Waldmeister

Unkräuter und anderes Unerhörte

Nicole Kaiser *Gutach*

Sie bezeichnet sich gerne als „Kräuterhexe", weil ihr das Herz aufgeht, wenn sie in der Natur unterwegs ist und es ihr die größte Freude bereitet, Kräuter kreativ zu verarbeiten – sei es als geheimnisvolle „Gründonnerstagssuppe", als schmerzlindernde Erste-Hilfe-Maßnahme, natürliche Schönheitspflege oder verführerisches „Liebes- und Zaubermittel".

Nicole Kaiser, die mit ihrer Familie in einem alten Gutacher Schwarzwaldhäuschen lebt, arbeitete früher als Grafik-Designerin in stylischen Großstadt-Werbeagenturen, bevor die „grüne Kraft" sie ganz für sich einnahm. Die Begegnung mit einer elsässischen Kräuterbauernfamilie bewog sie, Kräutertouren durch die Vogesen anzubieten, auf denen sie ihre Faszination für die Natur an die Menschen weitergeben konnte.

Heute ist der Veranstaltungskalender der ausgebildeten Kräuterfachfrau prall gefüllt mit mehrtägigen Wild- und Heilkräuterwanderungen in den Vogesen und dem Schwarzwald, Vorträgen, Seminaren, Exkursionen und Heilpflanzenspaziergängen für Groß und Klein.

Frauenheilpflanzen, Kochen mit Rosen oder die Heilmittelherstellung aus Wurzeln sind nur einige ihrer Themen. Dabei spielt auch der Genuss eine wichtige Rolle. So bietet sie als Natur- und Gästeführerin im Naturpark Südschwarzwald in Zusammenarbeit mit Gastronomen Kräuterwanderungen an, die in ein Geschmackserlebnis in Form eines Wildkräuter-Menüs münden.

Väeli-Essig

[Veilchenessig]

- *1 Handvoll Märzenveilchen-Blüten*
- *Weißweinessig*
- *1/2 l weißer Balsamicoessig*

Veilchenblüten in ein Einmachglas geben, mit Weißweinessig bedecken. Im verschlossenen Glas eine Woche im Hellen ziehen lassen. Abseihen, Veilchen gut ausdrücken und entfernen. Mit dem Balsamicoessig auffüllen und 2-3 frische Veilchenblüten als Deko zugeben.

Greändunschdigssubbe

[Gründonnerstagssuppe]

für 8-10 Personen
- *1 kg Kartoffeln*
- *2 Zwiebeln*
- *4 Knoblauchzehen*
- *2-3 TL gekörnte Gemüsebrühe*
- *ca. 1 l Wasser*
- *9 erste grüne Kräuter des Jahres (insgesamt ca. 500 g)*

viel von: Brennnesseln (oberste Triebspitzen), Bärlauch (Blätter vor der Blüte), Spitzwegerich (Blätter, Knospen), Giersch (junge Blättchen)

etwas weniger von: Löwenzahn (junge Blätter, Knospen, Blüten), Sauerampfer (junge Blätter), Taubnessel (Blüten, junge Triebe)

noch weniger von: Brunnenkresse (Blätter vor der Blüte) sowie 1 Stängel Gundermann (Blätter und Blüten)

- *1 Tasse Weißwein*
- *Saft von 1 Zitrone*
- *einige Hefeflocken*
- *Creme fraîche*
- *essbare Blüten zur Garnitur*

Kartoffeln schälen, in Stücke schneiden. Zwiebeln und Knoblauch fein hacken und zu den Kartoffeln geben. Alles zusammen im Wasser mit der Gemüsebrühe gar kochen. Wildkräuter waschen, abtropfen, in Streifen schneiden und in die nicht mehr kochende Suppe geben. 5-10 Min. ziehen lassen und pürieren. Weißwein, Zitronensaft und Hefeflocken dazugeben. Die fertige Suppe mit einem Klecks Creme fraîche und essbaren Blüten (z.B. Gänseblümchen, Veilchen) anrichten.

Diese „magische" Kultspeise, auch „Grüne Neune" genannt, haben die Menschen in früheren Zeiten traditionell am Gründonnerstag, im zeitigen Frühling, im großen Kreis draußen in der Natur zu sich genommen. Durch dieses Ritual wollte man sich mit den guten, heilenden und heiligen Kräften der Natur verbinden. Durch Inhaltsstoffe wie Vitamin C, ätherische Öle, Saponine oder Chlorophyll haben die Frühlingskräuter zahlreiche gute Eigenschaften: abwehrsteigernd, antibiotisch, vitalisierend, kräftigend, belebend, verdauungsfördernd, entschlackend und blutreinigend.

Brennnessel

Madde-„Champignon"-Subbe

[Wiesen-„Champignon"-Suppe]

- *pro Person 15-20 Spitzwegerichblätter und einige (schwarze) Knospen*
- *nach Geschmack Zwiebeln und Knoblauch*
- *Öl zum Andünsten*
- *Gemüsebrühe*
- *Milch*
- *Muskat*
- *Reibekäse*
- *Schlagsahne oder Creme fraîche*

Spitzwegerich

Fein geschnittene Spitzwegerichblätter und ganze Knospen mit fein geschnittenen Zwiebeln und Knoblauch in Öl andünsten. Mit Gemüsebrühe und Milch im Verhältnis 1:1 ablöschen und mind. 20 Min. köcheln lassen. Mit Muskat und Käse abschmecken und mit Schlagsahne oder Creme fraîche garniert servieren.

Diese Speise wird Wiesen-„Champignon"-Suppe genannt, weil sie wie eine echte Champignon-Cremesuppe schmeckt.

Blöämeknoschbe-Ufflauf

[Blumenknospenauflauf]

- *500 g Blumenkohl*
- *je 1 Handvoll Löwenzahn- und Wiesenbärenklauknospen und 1/2 Handvoll (schwarze) Spitzwegerichknospen*
- *3 Eier*
- *200 g Sahne*
- *Salz, Pfeffer, Muskat*
- *Saft von 1 Zitrone*
- *150 g Reibekäse*

Blumenkohl in Röschen zerteilen und in Salzwasser garen. Blütenknospen 3-5 Min. in Salzwasser garen. Eier mit Sahne verquirlen und würzen. Gemüse in eine gefettete Auflaufform geben und die Eimasse darüber gießen, mit Käse bestreuen. Bei 220° ca. 30 Min. überbacken.

Wildgmeäs-Soufflé

[Soufflé von Wildgemüse]

- *200 g Wildgemüse allein oder beliebig gemischt (z.B. Sauerampfer, Wiesenklee, Brennnessel, Giersch, Wiesenbärenklau)*
- *200 g Spinat*
- *1 Knoblauchzehe*
- *1 kleine Zwiebel*
- *100 g Sahne*
- *20 g Parmesankäse*
- *3 Eiweiß*

Löwenzahn

- *ca. 20 g Butter*
- *Zitronensaft, Salz, Muskatblüte*

Wildgemüse tropfnass 2-3 Min. im geschlossenen Topf bei milder Hitze dünsten, anschließend gut abtropfen lassen, ausdrücken und sehr fein hacken oder in etwas Sahne pürieren. Fein gehackte Zwiebel und Knoblauch in Butter andünsten, Wildgemüse und Sahne hinzufügen und nochmals kurz dünsten. Das Gemüse mit Salz, Muskatblüte, Zitronensaft und nach Wunsch mit Pfeffer abschmecken. Eiweiß sehr steif schlagen, den Parmesankäse unterheben und anschließend vorsichtig unter das Gemüse heben. Feuerfeste Schälchen mit Butter einfetten und die Masse einfüllen. Ein tiefes Backblech etwa 2 cm hoch mit Wasser füllen und die Schälchen darin ca. 30 Min. bei 180° stocken lassen.

Holder-Büdding

[Holunder-Pudding]

- *10-15 Holunderblütendolden*
- *$^1/_2$ l Apfelsaft*
- *Saft von 1 Zitrone*
- *1 Päckchen Vanille-Puddingpulver*
- *Schlagsahne und Blüten oder Beeren zum Garnieren*

Holunderblütendolden an einem sonnigen Tag sammeln und bis zum Abend auf einem Tuch ausgebreitet liegen lassen (damit alle „Insassen" das Weite suchen können!). Mit Apfelsaft und Zitronensaft in einen Topf geben und über Nacht stehen lassen. Am nächsten Tag durch ein Sieb gießen. Einen Teil des Saftes mit einem Päckchen Vanille-Puddingpulver anrühren. Den restlichen Saft aufkochen und das Puddingpulver einrühren. Nochmals aufkochen und dann in Schüsseln füllen, abkühlen lassen. Mit Schlagsahne und Blüten oder Beeren garnieren. Gekühlt genießen.

Variante:
Zum noch kalten Hollersaft ein Eigelb dazurühren. Nach dem Aufkochen ein steif geschlagenes Eiweiß unter die Masse heben. Das ergibt eine mousseartige Speise.

Bleädelimonad'

[Blütenlimonade]

- *1 l Apfelsaft*
- *Saft von 2 Zitronen*
- *1 Flasche Mineralwasser*
- *2 Handvoll aromatische und duftende Blüten: z.B. Rose, Löwenzahn, Gundermann, Salbei, Echtes Labkraut, Wiesen-Labkraut, Lavendel, Mädesüß, Thymian, Wilder Majoran, Rotklee, Honigklee, Kapuzinerkresse, Hollerblüten, Veilchen, Flieder- , Apfel- und Kirschblüten sowie 5 Stängel Waldmeister oder 2 Stängel Minze oder Melisse*

Blüten und Blätter je nach Jahreszeit gemischt, mit den Händen kräftig zerdrücken, in den Apfelsaft geben und mind. 3 Std. kühl ziehen lassen. Anschließend die Limonade durch ein Sieb abgießen, falls nötig filtrieren. Zitronensaft hinzufügen und vor dem Servieren mit Mineralwasser aufgießen. Mit einer Handvoll frischer Blüten garnieren.

Kräuterwieble auf frischer Tat ertappt

Gertrud Kaltenbach
St. Märgen

Wer sich in die Zeit von Großmutters blühenden Bergwiesen zurückversetzt fühlen möchte, nimmt auf dem Weg nach St. Märgen die Abzweigung zum Krummholzenhof. In einer unvergleichlichen Idylle und Abgeschiedenheit ist dort das „Kräuterwieble von St. Märgen“, Gertrud Kaltenbach, mit ihrer Familie zuhause. Rund 700 m hoch liegt der Hof aus dem 18. Jahrhundert, der Anlaufpunkt und i-Tüpfelchen der Kräuterwanderungen ist, die man mit seiner Hausherrin erleben darf.

In einer kleinen Gruppe durchstreift man mit dem Kräuterwieble ein Wiesenblumenmeer aus Rotklee, Knäuelglockenblumen, Schafgarbe, Wiesenteufelskralle und Dutzenden von Naturschönheiten mehr.

Sehens- und riechenswert ist auch der hauseigene Kräutergarten, in dem unzählige Sorten Minzen, Beifuß, Blutampfer, Silbermäntele, Wegwarte oder Tripmadam um die Aufmerksamkeit der Besucher buhlen. Der „Naschgarten“ nebenan lädt zum Probieren von Schwarzwälder Heidelbeeren, Himbeeren, Brombeeren, Äpfeln und Birnen ein.

Ein wunderbares Erlebnis ist es, zum Abschluss der Kräuterwanderung von Gertrud Kaltenbach am heimischen Küchentisch verwöhnt zu werden. Bei einem Fliederblüten-Aperitif, Wildkräuterbutter auf selbst gebackenem Bauernbrot, Kräutersüpple, frischem Salat mit Blüten und Kräutertee kann man sich die duftenden Bergwiesen noch einmal auf der Zunge zergehen lassen.

Krummholzenhof St. Märgen
Kräuterwanderungen nach Vereinbarung

Salad mid Bleäde

[Salat mit Blüten]

- *Kopfsalat*
- *frische Kräuter der Saison: z.B. Spitzwegerichblätter, Löwenzahn, Giersch, Brunnenkresse, Blutampfer, „Schössle" von der Tanne*

für das Dressing:
- *Essig, Öl, etwas Honig, Salz, Pfeffer*

für die Garnitur:
- *Blüten von Kapuzinerkresse, Gänseblümchen, Nachtkerze, Taglilie, Salbei, Beinwell*

Salat und Kräuter waschen, abtropfen lassen. Mit dem Dressing anmachen und mit den Blüten garnieren.

Gridderbudder

[Kräuterbutter]

- *250 g Butter*
- *eine große Handvoll frische Kräuter: z.B. Giersch, Vogelmiere, Spitzwegerich, Löwenzahn, Schafgarbenblatt, wenig Gundermann, Bärenklau, Sauerampfer, Petersilie, Schnittlauch, Majoran, Liebstöckel, Dill, Kerbel, Estragon*
- *1 TL Salz*
- *1 TL Pfeffer*
- *Schuss Zitronensaft*

Butter 2-3 Std. zuvor aus dem Kühlschrank herausnehmen. Kräuter waschen und fein schneiden. Alle Zutaten mit einer Gabel gut miteinander vermischen, kühlstellen.

Bleädebudder

[Blütenbutter]

- *250 g Butter*
- *eine große Handvoll essbare Blüten: z.B. Duftrose, Kapuzinerkresse, Nachtkerze, Gänseblümchen, Taglilie*
- *Schuss Zitronensaft*
- *etwas Salz*

Butter weich werden lassen. Blüten in feine Streifen schneiden. Butter, Zitronensaft, Salz und Blütenstreifen mit einer Gabel gut miteinander vermischen, kühlstellen.

Roodi Budder

[Rote Butter]

- *250 g Butter*
- *3 TL Tomatenmark*
- *1 EL Rosmarinnadeln, frisch*
- *Schuss Zitronensaft*
- *Salz, Pfeffer*

Butter weich werden lassen, Rosmarin zerkleinern. Alle Zutaten miteinander vermischen, kühlstellen.

Kapuzinerkresse (Blüte)

Griddersubbe

[Kräutersuppe]

- *6 Handvoll frische Kräuter (siehe Kräuterbutter-Rezept, dazu einige Brennnesselblätter)*
- *1 Zwiebel*
- *Butter*
- *$^3/_4$ l Fleischbrühe*
- *$^1/_4$ l Milch*
- *1 gekochte Kartoffel*
- *etwas Frischkäse*
- *Schuss Weißwein*
- *Prise Muskatnuss*
- *Salz, Pfeffer*
- *Schnittlauch*

Kräuter waschen und klein schneiden, mit Butter und gehackter Zwiebel andünsten. Milch und Brühe aufgießen. Restliche Zutaten hinzugeben, köcheln lassen, alles zusammen pürieren, abschmecken. Mit Schnittlauchröllchen anrichten.

Schafgarbe

Ungrüddbowle

[Unkrautbowle]

- *1 l Apfel- oder Orangensaft*
- *jeweils 3-4 Stängel von frischen Kräutern: Brennnessel, Giersch, Spitzwegerich, Apfelminze etc.*
- *je 1 Handvoll Blüten von Duftrosen, Gänseblümchen etc.*

Einen Kaltauszug zubereiten. Dazu die gewaschenen Kräuter 3-4 Std. im kalten Saft ausziehen lassen. Gänseblümchen und Rosenblätter vor dem Servieren hinzugeben und obenauf schwimmen lassen.

Diese Bowle ist ein schneller Fitmacher, denn sie hat alles, was man braucht. Die Kräuter können in der Bowle verbleiben oder abgeseiht werden.

Duftrose

Flieder

Fliederbleädesirup

[Fliederblütensirup]

- *1 1/2 l Wasser*
- *1 kg Zucker*
- *8 große blaue Fliederblütendolden*
- *30 g Zitronensäure (aus der Apotheke)*

1. Zubereitungsart
Wasser mit Zucker aufkochen, abkühlen lassen. Blüten abzupfen und mit Zitronensäure zum Zuckersirup geben. 5 Tage an einem kühlen Ort ziehen lassen. Gelegentlich umrühren. Filtrieren, in Flaschen abfüllen und verschließen.

2. Zubereitungsart
Blüten mit heißem Wasser übergießen. Zucker und Zitronensäure hinzugeben, 24 Std. stehen lassen. Ab und zu umrühren, damit sich Zucker und Zitronensäure auflösen. Filtrieren, aufkochen, siedend heiß in vorgewärmte Flaschen abfüllen und verschließen.

Sirupflaschen jeweils kühl und dunkel aufbewahren.

Ein wenig Fliederblütensirup in stillem Wasser, Sprudel oder Sekt ergibt herrlich erfrischende Getränke.

Schbitzwägerichsirup

[Spitzwegerichsirup]

- *1 1/2 l Wasser*
- *1 kg brauner Zucker*
- *2 Handvoll Spitzwegerich*
- *30 g Zitronensäure oder Saft von 2 Zitronen*

Spitzwegerich mit heißem Wasser übergießen. Zucker und Zitrone zufügen, 24 Std. stehen lassen. Ab und zu umrühren. Filtrieren, aufkochen, 20 Min. köcheln lassen, heiß in vorgewärmte Flaschen abfüllen und verschließen. Kühl und dunkel aufbewahren.

Spitzwegerichsirup kann bei Husten helfen. Man kann sogar täglich 2-3 frische Blätter vom Spitzwegerich essen. Überall dort, wo er „durch uns hindurch geht“, tut er dem Körper gut. Schmeckt fein in Salat, Suppen, Kräuterbutter, Auflauf, Quiche und vielem mehr.

Spitzwegerich

Sellerie-Bowle statt Kir Royal

Lothar Koch *Niederrotweil*

Küchenchefs, die in jeder freien Minute in den Garten, in den Wald, über die Wiesen oder in die Reben gehen, gibt es wenige. Lothar Koch ist so einer. Der „Blumen- und Kräuterkoch vom Kaiserstuhl" hat sich ganz dem verschrieben, was die Natur um ihn herum bietet und lässt sich demnach auch die Speisenkarte von ihr „schreiben".

Gekocht wird, was gerade vor der Haustüre wächst – im wahrsten Sinne des Wortes, denn vor, neben und hinter ihrem „Gasthaus zum Kaiserstuhl" in Niederrotweil, dem kleinsten Gasthaus in der Gegend, ernten Lothar und Walburga Koch ihre grünen Delikatessen, für die die Gäste sogar aus Frankreich und der Schweiz anreisen.

Aus einer Auswahl von 80 und mehr Garten- und Wildkräutern kreiert Lothar Koch mit seiner Brigade saisonale Spezialitäten, wie Wiesenlöwenzahnsalat, Kalbsrücken mit Bärlauchwurzeln, Rehbock im Sommerheu oder frischer Rheinhecht auf jungem Brennnesselspinat.

Richtig bunt treibt es der tief in seiner Heimat verwurzelte Gastronom gern mit Ringelblumen, kandierten Veilchen, Gänseblümchen, Malven, Schlüsselblumen und englischen Duftrosen, die von den Tellern schillern und den Feinschmecker für einen Moment lang auf eine kulinarische Entdeckungsreise mitnehmen.

Gasthaus zum Kaiserstuhl, Niederrotweil
Warme Küche: 12-14 Uhr und 18-21.30 Uhr
Ruhetage: Sonntag ab 15 Uhr und Montag

Gridderderdli

[Kräutertörtchen]

- *gesalzener Mürbteig oder fertiger Blätterteig (rund)*
- *eine Handvoll Kräuter, die zusammen harmonieren: Spitzwegerich, Liebstöckel, Petersilie und Taubnessel*
  oder:
  Salbei, Fenchelhaare, Blattsellerie und Giersch
  oder:
  Vogelmiere, Gundelrebe und türkische Rauke
- *Pflanzenfett*

für den Eierstich:

- *3 Eier*
- *200 g Sahne*
- *1 Kaffeetasse Milch*
- *Salz, Pfeffermühle*

Teig ausrollen und ein flaches 28 cm-Pizzablech (gefettet und gemehlt) damit auslegen. Kräuter fein schneiden, in Pflanzenfett kurz anschwenken und auf dem Teig verteilen. Zutaten für den Eierstich verrühren und über die Kräuter gießen. Bei 180° ca. 25-30 Min. backen.

Liebstöckel

Kleine Stückchen der Torte können als Amuse-Gueule („Gruß aus der Küche") vor dem Menü gereicht werden.

Radieslibleddersubbe

[Radieschenblättersuppe]

- *1 Zwiebel*
- *1 $^1/_2$ l Spargelsud oder ein anderer Gemüsesud*
- *$^1/_8$ l trockener Silvaner*
- *200 g Sahne*
- *1 große Handvoll Radieschenblätter ohne Stängel*
- *evtl. Mondamin*

Zwiebel fein hacken und anschwitzen, mit dem Sud und dem Silvaner ablöschen, Sahne hinzugeben. Radieschenblätter im Mixer pürieren und hinzugeben. Nach Bedarf mit Mondamin abbinden und eventuell nachwürzen.

Am Koch si Summersalad

[Kochs Sommersalat]

- *verschiedene Blattsalate*
- *frische Kräuter: Sauerampfer, Pimpernelle, Schnittlauch*
- *Ringelblumen- und Malvenblüten*

pro Person:

- *1 Spargelstange*
- *3-4 Pfifferlinge*
- *70-80 g Rehrückenfilet (alternativ: Perlhuhnbrust oder Fischfilet)*
- *6-8 Kirschen*

für die Marinade:

- *Olivenöl, Balsamico, Salz, Pfeffermühle*

Schnittlauch

Salat und Pfifferlinge putzen und waschen, Kräuter abbrausen und trockenschütteln. Spargel schälen, die Stangen zunächst quer und danach nochmals der Länge nach halbieren. Blütenblätter der Ringelblumen von den Kelchen zupfen, Zutaten für die Marinade gut miteinander verrühren. Den Salat mit den Kräutern, den Spargel und die Pfifferlinge in drei getrennten Schüsseln ganz kurz marinieren. Das Rehfleisch salzen, pfeffern und am Stück rosa anbraten. Alle Salatbestandteile dekorativ auf dem Teller anrichten, mit dem in Tranchen geschnittenen, lauwarmen Filet umlegen, mit Kirschen, Blütenblättchen der Ringelblumen und den Malvenblüten garnieren.

Rohä Schbargelsalad mid marineärd`m Kalbfleisch

[Roher Spargelsalat mit mariniertem Kalbfleisch]

für 4 Personen:

- *12 Spargelstangen*
- *400 g mageres Kalbfleisch (aus der Keule)*

Marinade:

- *Olivenöl, Balsamico, Salz, Pfeffermühle*

Vitello-tonnato-Soße:

- *Saft von 1/2 Zitrone*
- *1 EL Kapern*
- *1/4 l Mayonnaise*
- *1 Dose Thunfisch in Salzlake*

für den Sud:

- *1 Zwiebel, 2 Lorbeerblätter, 2-3 Nelken*

Majoran

Garnitur:

- *römischer Sauerampfer, frischer Oregano oder Beifuß*

Am Tag zuvor das Fleisch vorbereiten. Dazu eine Zwiebel mit Lorbeerblättern und Nelken spicken. Das Fleisch am Stück oder halbiert mit der gespickten Zwiebel in einen Topf geben und mit leicht gesalzenem Wasser bedecken. Langsam zum Kochen bringen, 15 Min. köcheln

Ringelblum

lassen, dann die Hitze reduzieren. Das Fleisch sollte zum Schluss innen noch rosa sein. Im Sud über Nacht abkühlen lassen.

Spargel schälen, die Stangen zunächst quer und danach nochmals der Länge nach halbieren. In der Marinade 5-10 Min. ziehen lassen. Auf jedem Teller „scheiterhaufenartig“ anrichten.

Thunfisch abtropfen lassen. Zusammen mit Zitronensaft, Kapern und Mayonnaise im Mixer fein pürieren, abschmecken. Das Fleisch mit der Aufschnittmaschine hauchdünn aufschneiden und um den Spargel legen. Mit Hilfe eines Silikonpinsels mit der Soße bestreichen. Mit einer Sorte frischer Kräuter garnieren.

Summerfrichdli mid Rüländerschüüm, Duftreesli un' Zidronemelisse

[Sommerfrüchte mit Ruländerschaum, Duftrose und Zitronenmelisse]

- *Sommerfrüchte (z.B. Erdbeeren, Himbeeren, Brombeeren, Johannisbeeren, Kirschen, Pfirsiche)*
- *Traubenlikör oder Grand Marnier*
- *etwas Zitronensaft*

für den Weinschaum:

- *3-4 frische Eigelb*
- *$1/4$ l Ruländer*
- *1 EL Zucker*
- *Saft $1/2$ Zitrone*

Garnitur:

- *Blätter von Duftrosen und Zitronenmelisse*

Früchte waschen, abtropfen, mit dem Likör der Wahl und

Zitronensaft beträufeln. Zutaten für den Weinschaum in einer Metallschüssel im Wasserbad mit einem feinmaschigen, gut schwingenden Schneebesen bis zur cremigen Konsistenz schlagen. Früchte auf Tellern anrichten, Weinschaum obenauf geben, mit Melissenblättern und in Streifen geschnittenen Rosenblättern garnieren.

Zällrich-Bowle

[Sellerie-Bowle]

- *3 Knollen Sellerie*
- *Saft von 2 Zitronen*
- *$1/2$ Flasche Arrak*
- *1 Spritzer Angostura oder Kräuterlikör*
- *2 Flaschen Kaiserstühler Gewürztraminer (à 0,75 l)*
- *1 Flasche trockener Winzersekt*

Sellerie putzen, in ganz feine Scheiben schneiden, in eine Schüssel geben und mit dem Zitronensaft beträufeln. Arrak darauf gießen und mit Angostura oder Kräuterlikör würzen. Einen ganzen Tag im Kühlen ziehen lassen. Flüssigkeit in eine Bowleschüssel seihen. Gewürztraminer hinzugießen und kurz vor dem Servieren mit Sekt auffüllen.

Diese erfrischende und ungewöhnliche Sommerbowle schmeckt würzig und eventuell leicht bitter. Wer mag, kann noch etwas Zucker hinzufügen. Und wer weiß: Vielleicht kann ein Abend mit dieser Bowle zu einem bleibenden Erlebnis werden...

Zurück zu den Wurzeln

Gitta Schmidt *Freiburg*

Eine tiefe Liebe verband sie schon mit den Pflanzen, als sie sich als kleines Mädchen vom Garten ihrer Tante verzaubern ließ. Nach ihrer beruflichen Tätigkeit beim Rundfunk und regelmäßigem Kräuterpflücken in Südfrankreich sollte die Germanistin das Thema Kräuter nicht mehr loslassen.

So absolvierte sie Ausbildungen zur Heilpflanzenexpertin an der Freiburger Heilpflanzenschule und in der Schweiz und nahm an Kräuterwanderungen teil. Immer mehr wurde so der Weg zu ihrer eigenen Kräuterwerkstatt „Carpe Florem“ (nutze/pflücke die Pflanze) bereitet, in der sie seit 2006 Kurse und Seminare gibt.

In Gitta Schmidts kleinem, zauberhaftem Reich, das sie sich auf dem Areal eines alten Anwesens im Freiburger Stadtteil Zähringen eingerichtet hat, erleben die Teilnehmer Kräuter(ver)führungen mit allen Sinnen. Wertvolles Fachwissen, gepaart mit spielerischen Aufgaben und feinen Zubereitungen wie Likör oder Sirup, machen selbst aus „Gartenmuffeln“ begeisterte „Hobby-Kräuterhexen“.

Wie märchenhaft es bei Gitta Schmidt ist, beweist auch ihr Buch „Sonnenwirbel für den König“. 11 liebevoll und feinsinnig geschriebene Kräutermärchen und eine Fülle interessanter Informationen machen das Lesen zum Genuss und spiegeln ihre Liebe und Vertrautheit zur grünen Welt wider.

Höafladdich-Sirpfler

[Huflattich-Apéro]

- *1 Handvoll Huflattichblüten*
- *½ l Weißwein*
- *2 EL Zitronensaft*
- *Eiswürfel*
- *Sekt*

Die Huflattichblüten gut zerkleinern und 4 Std. in Weißwein ausziehen. Danach abseihen, Zitronensaft, Eiswürfel und einen Schuss Sekt hinzugeben. In Aperitifgläsern, mit hübschen Blüten dekoriert, vor dem Essen servieren.

Süürampfersubbe

[Sauerampfersuppe]

- *4 Handvoll Sauerampfer*
- *1 hart gekochtes Ei*
- *½ l Milch*
- *1 kl. Becher Crème fraîche*
- *50 g Parmesan*
- *Salz*
- *etwas Butter*
- *1 Brötchen oder Toastscheibe*
- *einige Gänseblümchenblüten*

Sauerampfer waschen und klein schneiden, harte Stiele eventuell entfernen. Zusammen mit dem hart gekochten Ei pürieren und beides in der Milch erwärmen. Crème fraîche einrühren, geriebenen Parmesan hinzufügen, mit Salz abschmecken. Brötchen oder Toast in Würfel schneiden. In einer Pfanne mit Butter rösten und über die Suppe geben. Zum Abschluss die „Sauer-macht-lustig-Suppe" mit Gänseblümchen bestreuen.

Süürampferbudder

[Sauerampferbutter]

- *250 g Butter*
- *30-40 g Sauerampfer*
- *Kräutersalz*
- *Zitronensaft*
- *Honig*
- *gekörnte Gemüsebrühe*

Sauerampfer waschen, ganz klein schneiden oder mixen. Die Butter weich werden lassen und mit einer Gabel gut mit dem Sauerampfer vermengen. Mit Kräutersalz, Zitronensaft, Honig und Gemüsebrühe abschmecken.

Sauerampferbutter schmeckt lecker, wenn man sie auf warmes Stockbrot streicht, passt aber auch ideal zu Grillfleisch. Alternativ können andere Kräuter verwendet werden.

Gridderbrood am Schdäggli

[Kräuterstockbrot]

- *500 g Mehl*
- *¼ l Milch*
- *1 Würfel Hefe*
- *60 g Zucker*
- *60 g Margarine*
- *Salz*
- *50 g frische Kräuter: Sauerampfer, Giersch, Spitzwegerich, Bärlauch oder andere*

300 g Mehl in eine Schüssel geben, eine Kuhle hineindrücken, 60 g Zucker an den Rand schütten. Milch erwärmen, einen Schluck davon mit der Hefe und 1 TL Zucker verrühren. In der restlichen Milch (nicht zu heiß) die Margarine zerlaufen lassen. Die angerührte Hefe in die Mehlkuhle geben und leicht mit Mehl zudecken, eine Prise Salz an den Rand geben. Kurz gehen lassen, bis kleine Risse entstehen.
Gewaschene Kräuter klein hacken, Milch-Margarine-Mischung zum Mehl geben. Das restliche Mehl und die Kräuter dazugeben und gut kneten. Mit einem Tuch abdecken, warmstellen und gehen lassen, bis der Teig deutlich an Volumen zugenommen hat.
Den Teig zu kleinen Schlangen formen, um die Stöcke herumwickeln und über das offene Feuer halten, bis sie schön bräunen.

Diese „grüne" Variante des beliebten Stockbrots ist genau das Richtige für gemütliche Stunden am Lagerfeuer, zum Beispiel im Rahmen eines Sonnwendfestes im eigenen Garten.

Dieses 3-gängige „Outdoor-Menü im wilden Kräutergewand" lässt sich komplett unter freiem Himmel am offenen Feuer zubereiten und genießen. Dabei kann man einzelne Arbeitsschritte schon zu Hause vorbereiten.

Seäßi Schnäggli

[Süße Schnecken]

für den Teig:
- *100 g Dinkelmehl*
- *150 ml Milch*
- *150 ml helles Bier*
- *2-3 EL Olivenöl*
- *3 Eier*
- *Prise Salz*

für die Füllung:
- *Frischkäse oder Quark*
- *Honig*
- *essbare Blüten der Saison, z.B. von Ringelblumen, Rosen, Malven*

Die Zutaten der Reihe nach in eine Schüssel geben und mit dem Schneebesen verrühren. Eine Pfanne heiß werden lassen, Öl hineingeben und aus dem Teig kleine Pfannkuchen backen. Frischkäse oder Quark in beliebiger Menge mit Honig süßen, zerkleinerte Blüten unterheben und auf die Pfannkuchen streichen. Diese einrollen, in dicke Scheiben schneiden und mit Zahnstochern fixieren.

Gridderliggeerli

[Kräuterliköre]

Grundrezept zum Ansetzen von Kräuterlikören:

- *ca. 2 Handvoll frische oder ein bisschen weniger getrocknete Kräuter*
- *60-80 g Kandiszucker (alternativ: Birnendicksaft, Agavendicksaft, Ahornsirup oder Honig)*
- *3/4 l Korn (32 %), Wodka oder Gin*

Zutaten in ein verschließbares Glasgefäß geben, nach Belieben Gewürze (Orangen, Zitronen u.a.) hinzugeben. 2 Monate ziehen lassen (mit getrockneten Kräutern 1 Monat länger).
Allgemein gilt: Liköre werden mit dem Alter besser. Man sollte sie nach 8 Wochen abgießen, danach ruhig noch eine Weile stehen lassen, damit sie nachreifen können.

Kräuterliköre sind aromatische Getränke mit stärkender, verdauungsfördernder und/oder erwärmender Wirkung. In ihnen werden heilsame Kräuter haltbar gemacht, so dass man sie auch noch im Winter genießen kann.

Magenfreund

Pflanzen für den Magen (Verdauungslikör):
Rose, Wegwarte, Brombeere, 1 oder 2 Hagebutten, Wermut (höchstens 1 Blatt), Melisse, Beifuß, Ringelblume, Pfefferminze, Kapuzinerkresse, Zitronenverbene
Passende Gewürze:
Zimt, Fenchel, Anis, Zitronenzesten, wenig Gewürznelke

Wunderhals

Pflanzen für den Hals:
Salbei, Thymian, Spitzwegerich, Frauenmantel, Eibisch, Tanne, Fichte, Odermenning, Andorn
Passende Gewürze:
Fenchel, Anis, Gänseblümchen, wenig Gewürznelke

Herzliebst

Pflanzen für das Herz:
Weißdorn, Herzgespann, Zitronenmelisse, Rosmarin, Rose
Passende Gewürze:
Fenchel, Gänseblümchen

Frauenversteher

Pflanzen für die Frauen:
Frauenmantel, Mutterkraut, Schafgarbe, Ringelblume, Lein, Indianernessel, Eisenkraut, Rosmarin
Passende Gewürze:
Gänseblümchen, Zimtstange

Auf Ostaras Spuren

Petra Stunz *Amoltern*

Sie lebt, wie sie sagt, in zwei Welten: Tagsüber arbeitet Petra Stunz als MTA in einem Forschungslabor, an den Abenden und Wochenenden frönt sie ihrer privaten Passion, den Wild- und Heilkräutern.

Niedergelassen hat sich die ausgebildete Heilpraktikerin vor einigen Jahren im idyllischen Weindörflein Amoltern, wo man ihre Kräuterkenntnisse zu schätzen weiß.

In Zusammenarbeit mit den Landfrauen konzipierte sie den 3,75 km langen Kräuterpfad, der durch das Naturschutzgebiet „Amolterer Heide“ und eine reizvolle Rebenlandschaft führt. Viele der dort wild wachsenden Kräuter wie der wilde Feldsalat, wilde Rucola oder Löwenzahn bereichern heute noch die einheimische Küche.

Beliebt sind die regelmäßigen Kräuterkurse, Kräuterwanderungen und Vorträge von Petra Stunz. Darin widmet sie sich gern den Bräuchen und Ritualen zu den 8 Jahreskreisfesten, den Vorläufern unserer kirchlichen Feiertage, an denen beispielsweise die germanische Frühlingsgöttin Ostara mit dem Zubereiten der „Grünen Neune", der grünen Frühlingssuppe, verehrt wurde.

Wer wild wachsende Pflanzen erleben möchte und gleichzeitig einen „Tapetenwechsel“ wünscht, dem bietet Petra Stunz Kräuterferien in den Schweizer Alpen und auf der Insel Elba. Mediterranes Flair, Heilpflanzenkunde in Theorie und Praxis sowie Exkursionen gehen im schönen Italien eine unvergessliche Liaison ein.

Amolterer Kräuterpfad
Ausgangspunkt: Friedhof
März – Oktober geführte Kräuterwanderungen auf Anfrage

Am Petra si Saladseeßli

[Petras Salatsößchen]

- *2 EL Olivenöl*
- *1 EL Balsamicoessig*
- *1 EL Zucker*
- *etwas Pfeffer und Salz*
- *$^1/_2$ Becher Crème fraîche*
- *je 1 Handvoll Bärlauchblätter, Giersch, Knoblauchrauke und wilder Schnittlauch*

Öl, Essig, Zucker, Pfeffer und Salz mit einem Schneebesen verrühren. Crème fraîche dazugeben und glatt rühren. Kräuter klein schneiden und dazugeben.

Diese Soße kann für jeden Salat verwendet werden. Am besten eignet sich wilder Feldsalat vom Kaiserstuhl.

Schwienebrodis mid Gridder vum Middelmeer

[Schweinebraten mit Kräutern vom Mittelmeer]

- *1 Stück sehr mageres Schweinefleisch (Kotelett)*
- *1 Stück Bauchfleisch mit Schwarte (so groß, dass das magere Stück hineinpasst)*
- *Pfeffer, Salz, Mittelmeerkräuter-Mischung*
- *Olivenöl*

Vom Metzger eine Tasche in das Bauchfleisch schneiden lassen und die Schwarte kreuzförmig einschneiden lassen. Das magere Schweinefleisch mit Pfeffer, Salz und der Mittelmeerkräuter-Würzmischung einreiben. Die Tasche des Bauchfleisches gleichermaßen würzen. Das magere Stück in die Tasche schieben, mit Faden oder Zahnstochern verschließen bzw. befestigen. In einer Auflaufform mit Olivenöl im Backofen insgesamt 2 Std. garen (45 Min. bei 180°, dann auf 140° umstellen).

„Amolterer" Mittelmeerkräuter-Mischung

Hierzu werden folgende Kräuter getrocknet und zu gleichen Teilen gemischt:

- ✓ Thymian
- ✓ Salbei
- ✓ Ysop
- ✓ Estragon
- ✓ Nepetella (auch Bergminze bzw. Kretische Minze genannt)
- ✓ Bohnenkraut

Thymian

Wildgridder-paschdeede

[Wildkräuterpastete]

- *1 kg Schweineleber*
- *1 kg Schweinemett*
- *500 g durchwachsener Speck*
- *Pfeffer, Salz, Mittelmeerkräuter-Mischung*
- *2 Eier*
- *5 EL Weinbrand*
- *125 ml Sahne*

Schweineleber und Schweinemett durch den Fleischwolf drehen (grobe Scheibe), mit gewürfeltem Speck vermischen. Mit Pfeffer, Salz und Mittelmeerkräuter-Mischung würzen. Eier, Weinbrand und Sahne hinzufügen und gut miteinander vermengen. Alles nochmals durch den Fleischwolf lassen (feine Scheibe) oder mit dem Zauberstab fein pürieren. Saubere Einkochgläser zu 80 % damit füllen und darauf achten, dass keine Fleischmasse an den Rand kommt.

Ein Backblech 1 cm hoch mit Wasser füllen, Gläser gleichmäßig darauf verteilen, eine Schicht nasses Pergamentpapier auf die Gläser legen.
Auf der unteren Schiene $1^{1}/_{2}$ Std. bei 98° einkochen.

Pudeschnitzili mid Gridder

[Putenschnitzel mit Kräutern]

- *Putenfleisch*
- *Pfeffer, Salz und ein Kraut der Wahl (Thymian, Salbei oder Bohnenkraut etc.)*
- *Olivenöl*

Putenfleisch in sehr dünne Scheiben schneiden (ca. $^{1}/_{2}$ cm dick). Mit Pfeffer, Salz und dem Kraut würzen. In einer Pfanne eine Mischung aus $^{1}/_{3}$ Olivenöl und $^{2}/_{3}$ Wasser erhitzen. Dabei die Menge so wählen, dass die Schnitzel gerade schwimmen und nicht anbraten. Die Putenschnitzel schwimmend im Öl-Wasser-Gemisch garen (sie müssen weiß bleiben). Putenschnitzel warmstellen. Das Öl-Wasser-Gemisch einkochen lassen und über die Putenschnitzel geben, sofort servieren.

Bohnenkraut

Lasagne mid Bärlauch un' Ricodda

[Bärlauch-Ricotta-Lasagne]

Bärlauch

- *ca. $\frac{1}{2}$ l Bechamelsoße, zubereitet aus Butter, Mehl, Sahne und Parmesan (1 Beutel Käse à 40 g)*
- *2-4 Handvoll Bärlauch (je nach Geschmack)*
- *200 g Ricotta*
- *40 g Parmesan*
- *Pfeffer und Salz*
- *grüne Lasagnenudeln (vorgekocht)*

Bärlauch mit Ricotta und Parmesan mit dem Zauberstab zu einer grünen Paste verarbeiten, mit Pfeffer und Salz abschmecken. Lasagnenudeln in eine Auflaufform geben und abwechselnd Bärlauch-Ricotta, Nudeln und Bechamelsoße schichten, mit Bechamelsoße aufhören. Parmesan oder einen anderen würzigen Käse darüber streuen, ca. 45 - 60 Min. bei 180° abgedeckt (Alufolie) überbacken, die letzten 8-10 Min. aufgedeckt, damit der Käse schön braun wird.

Lewezahn-Bleädesirup

[Löwenzahn-Blütensirup]

- *6 Tassen Löwenzahnblüten*
- *1 $\frac{1}{2}$ l Wasser*
- *1 $\frac{1}{2}$ kg Zucker*
- *2 Zitronen (unbehandelt)*

Blütenblätter behutsam aus dem grünen Kelch lösen, mit Wasser erhitzen und 5 Min. kochen lassen. Flüssigkeit abseihen, mit Zucker und den in Stücke geschnittenen Zitronen unter Rühren auf Sirupdicke einkochen. Abseihen und heiß in verschließbare Glasgefäße abfüllen.

Löwenzahnsirup eignet sich für Desserts (z.B. Eis, Milchspeisen) oder zum Süßen von Kräutertee.

Lewezahnejs

[Löwenzahneis]

- *$\frac{1}{2}$ l Löwenzahn-Blütensirup*
- *$\frac{1}{10}$ l Weißwein*
- *Saft einer Orange*
- *200 g Joghurt*
- *1 Becher Sahne*

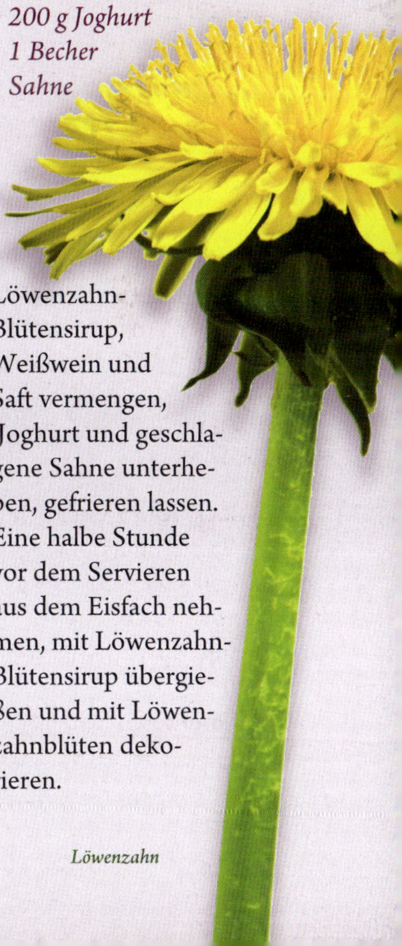

Löwenzahn-Blütensirup, Weißwein und Saft vermengen, Joghurt und geschlagene Sahne unterheben, gefrieren lassen. Eine halbe Stunde vor dem Servieren aus dem Eisfach nehmen, mit Löwenzahn-Blütensirup übergießen und mit Löwenzahnblüten dekorieren.

Löwenzahn

Wilde Praline trifft Zwetschgenwässerle

Ulrika Tröscher *Oberried*

Auf dem Altenvogtshof in Oberried möchte man am liebsten überall drüberstreichen, reinbeißen oder die Nase hineinstecken. Ulrika Tröscher, dreifache Mutter, engagierte Schwarzwaldbäuerin und ausgebildete Kräuterpädagogin, ist der „Motor" dieses facettenreichen „Erlebnishofs".

Für Kinder ist die Vielfalt der Tiere ein Paradies: Kühe, Kälbchen, Pony, Ziegen,

Schafe, Hühner, Enten und Gänse tummeln sich hier und freuen sich über Besuch, während zwei Stockenten lieber emsig im Kräutergarten nach Schnecken suchen. Für Erwachsene, die ehrliche Landprodukte zu schätzen wissen, ist das „Hoflädele" von Ulrika Tröscher ein Eldorado: Selbst gemachte Nudeln mit Bärlauch, Brennnesseln oder Rosenblüten findet man dort ebenso wie selbst gebackenes Bauernbrot, schmackhafte Fleisch- und Wurstwaren, Kräuteressig sowie Obstschnäpse und Kräuterbrände aus der Hofbrennerei.

Beliebt sind die Kräuterkurse von Ulrika Tröscher und Irmhild Halte-Voss. Dort lernt man zum Beispiel, wie man den Winter mit Scharbockskraut vertreibt, Nudelsalat mit Gundermann zubereitet oder Thymianbonbons herstellt. Wer möchte, kann als Gruppe sogar die Nacht auf dem Matratzenlager verbringen oder sich bei einem Bauernhof- und Mühlenbrunch von den Tröschers verwöhnen lassen.

Gridderessig

[Kräuteressig]

- *1 l Branntweinessig*
- *verschiedene Kräuter, z. B. Schnittlauchblüten, Bärlauchblüten, Zitronenmelisse, Liebstöckel, Pimpinelle*

Kräuter sammeln, waschen und leicht mit einem Tuch trocknen. Blüten und Blätter in Flaschen von jeweils ca. 250 ml füllen, mit Branntweinessig auffüllen. Die Kräuter müssen mit Essig bedeckt sein.

Sieht hübsch aus und hat ein delikates Aroma! Auch gut als Geschenkidee geeignet.

Griddereel mid Bärlauch

[Kräuteröl mit Bärlauch]

- *1 l Olivenöl*
- *Bärlauch*

Bärlauchblätter sammeln, waschen, leicht mit einem Tuch trocknen.
Anschließend die Bärlauchblätter klein schneiden, in dekorative Flaschen füllen und mit Olivenöl auffüllen. Die Bärlauchblätter müssen mit Olivenöl bedeckt sein.

Es können auch andere Kräuter, z.B. ein Kräutermix aus Liebstöckel, Pimpinelle, Zitronenmelisse, Schafgarbe, Spitzwegerich etc., verwendet werden.

Wildgriddersalz

[Wildkräutersalz]

- *100 g Salz*
- *20 g verschiedene Wild- und Gartenkräuter (z. B. Knoblauchrauke, Bärlauch, Spitzwegerich, Gundermann, Liebstöckel, Pimpinelle, Giersch)*

Kräuter sammeln, waschen und mit einem Tuch trocknen, klein schneiden.
Mit dem Salz mischen und trocknen lassen. Danach mit dem Zauberstab noch einmal klein hacken – fertig ist das würzige Kräutersalz. Es schmeckt gut zu Salat, Soßen und Quark.

Rosebleädezugger

[Rosenblütenzucker]

- *1 kg Zucker*
- *2 Handvoll duftende Rosenblüten (ungespritzt)*

Rosenblüten klein schneiden, mit Zucker vermischen und auf einem Backblech trocknen lassen. Danach mit dem Zauberstab richtig vermischen.
Rosenblütenzucker hat eine schöne rosa Farbe.
Er schmeckt gut zur Verfeinerung von Desserts oder Kuchen.

Gridderschbätzli mid Zängnessle un' Giersch

[Kräuterspätzle mit Brennnesseln und Giersch]

- *1 kg Grieß*
- *100 g Spinat aus Brennnesseln und Giersch*
- *3 Eier*
- *etwas Salz für das Kochwasser*

Brennnesseln und Giersch säubern und waschen. Mit etwas Wasser aufkochen. Die Blätter zerfallen und können dann leicht mit dem Zauberstab püriert werden. Grieß, Eier und Spinat vermischen. Spätzle vom Brett ins salzige Kochwasser schaben oder durch eine Spätzlepresse drücken.

Rodglee-Schneigerli

[Wiesenpralinen mit Rotklee]

- *eine Handvoll Rotkleeblüten*
- *Schokolade oder Kuvertüre*

Frische Rotkleeblüten am besten morgens sammeln, säubern, kurz waschen und in einem Tuch antrocknen. Danach die Blüten kurz in Schokolade oder Kuvertüre tauchen und zum Trocknen auf Backpapier legen. Sieht hübsch aus als Deko auf Vanillepudding oder Obstsalat.

Häffezopf mid Rosebleäde

[Hefezopf mit Rosenblüten]

- *1 kg Mehl Typ 405*
- *160 g Rosenblütenzucker**
- *160 g Butter*
- *1 Ei*
- *1 Pä. Vanillezucker*
- *1 Hefewürfel*
- *400 ml Milch*
- *1 TL Salz*
- *Rosenblüten (getrocknet oder frisch)*

Hefe in lauwarmer Milch auflösen und zusammen mit den anderen Zutaten einen Knetteig herstellen. Den Hefeteig ca. 1,5-2 Std. gehen lassen. Danach zu einem Zopf flechten, mit Ei oder Milch bestreichen und bei 150° backen – schmeckt himmlisch!

* siehe Seite 83

Rotklee

Fichde- oder Dannenodlegelee

[Fichten- oder Tannennadelgelee]

- *1 l Wasser*
- *1 Messbecher Fichten- oder Tannennadeln (Rottanne)*
- *Gelierzucker*
- *1 Zitrone, in Scheiben*

Wasser, Fichten- bzw. Tannennadeln und Zitronenscheiben aufkochen. Den Auszug einige Stunden stehen lassen. Danach die Flüssigkeit abseihen. Den Auszug mit Gelierzucker aufkochen (Mengenangabe siehe Packung). Heiß in Gläser füllen.

Fichde- oder Dannenodlesirup

[Fichten- oder Tannennadelsirup]

- *1 l Wasser*
- *1 Messbecher Fichten- oder Tannennadeln (Rottanne)*
- *1 kg Zucker*
- *1 Zitrone, in Scheiben*

Wasser, Fichten- bzw. Tannennadeln und Zitronenscheiben aufkochen. Den Auszug einige Stunden stehen lassen. Danach die Flüssigkeit abseihen. Den Auszug mit Zucker aufkochen. Bei offenem Deckel etwa 1 Std. köcheln, dann abkühlen lassen. Danach nochmals erhitzen und den Vorgang so lange wiederholen, bis der Saft dickflüssig geworden ist. Der Sud muss um etwa die Hälfte eingedampft werden. Den rostroten Sirup noch heiß in Flaschen füllen.

Fichten- oder Tannennadelsirup schmeckt hervorragend zu Desserts. Man kann ihn auch zum Süßen von Kräutertees verwenden.

Danneschesslihunig

[Fichten- oder Tannennadelhonig]

- *1 l Wasser*
- *1 Messbecher junge Triebe („Schessli") von Fichten oder Tannen (Rottanne)*
- *1 kg Zucker*
- *1 Zitrone, in Scheiben*

Wasser, Jungtriebe und Zitronenscheiben aufkochen. Den Auszug einige Stunden stehen lassen. Danach die Flüssigkeit abseihen. Den Auszug mit Zucker aufkochen. Bei offenem Deckel etwa 1 Std. köcheln, dann abkühlen lassen. Danach nochmals erhitzen und den Sud so lange eindicken, bis eine honigartige, streichfähige Masse entstanden ist (Dauer ca. 3 Std.).

Eine Delikatesse als Brotaufstrich – schmeckt einfach köstlich!

Bei Anruf Vogelmiere

Petra Weishaar *Eichstetten*

Was wird man, wenn man auf einem Aussiedlerhof am Kaiserstuhl aufwächst? Gärtnerin mit Fachrichtung Gemüsebau – im Fall von Petra Weishaar zumindest. Im Büro sitzen, das könnte sie nicht, und so hat die Jungbäuerin ihren Platz in einem alteingesessenen landwirtschaftlichen Betrieb in Eichstetten gefunden. Gemeinsam mit ihrem Mann, ihrem Schwiegervater und mit immer mehr Unterstützung ihres kleinen Sohnes beliefert Petra Weishaar den Freiburger Großmarkt. Kein Job für Langschläfer, denn im Sommer rollt der bepackte Wagen spätestens um Viertel vor drei in der Früh vom Hof.

Ausgebaut haben die Weishaars ihr Sortiment seit einigen Jahren im Bereich der Kräuter. Die anspruchsvolle Kundschaft wird heute nicht nur mit „Schnittlauch & Peterli", sondern mit Majoran, Oregano, Thymian, Basilikum, Rosmarin, Sauerampfer, Rucola, Bärlauch oder Waldmeister beliefert. Erfreut ist Petra Weishaar über ihre Sortimentstiefe: Neben gewöhnlichem Salbei erhält man bei ihr dreifarbigen, großblättrigen, Purpur- und Muskatellersalbei. Da die junge Bäuerin mit ihrem Handy quasi rund um die Uhr erreichbar ist, bekommt sie von der Gastronomie auch schon einmal spontan „Spezialaufträge" wie die Lieferung wild wachsender Vogelmiere.

Und privat? Da ist sie „ganz nebenbei" rührige Vorsitzende der Eichstetter Landfrauen und mit ihren Vereinskolleginnen stetig bestrebt, dem Landleben neue Impulse zu geben.

Griddereel

[Kräuteröl]

- *je 1 Zweig Salbei, Thymian und Majoran*
- *500 ml Olivenöl*

Kräuter kurz abbrausen, trockenschütteln und in ein Glasgefäß geben. Mit dem Öl auffüllen und das Gefäß fest verschließen. Etwa 14 Tage ziehen lassen. Die Kräuter entfernen, das Öl durch ein feines Mulltuch filtern und in eine dekorative Flasche abfüllen. Kühl und dunkel aufbewahrt, ist das Öl etwa 6 Wochen haltbar.

Schbinad-Gridder-Sibbli

[Spinat-Kräuter-Suppe]

- *1 Zwiebel*
- *2 EL Butter*
- *600 g Spinat*
- *einige Zweige Kerbel*
- *einige Minzeblättchen*
- *1 Majoranzweig*
- *$^3/_4$ l Gemüsebrühe*
- *$^1/_2$ Becher Sahne*
- *Salz, Pfeffer*
- *Petersilie*

Spinat putzen, waschen und kurz blanchieren. Zwiebel und Kräuter hacken, Petersilie fein wiegen. Zwiebel und Kräuter hacken, Petersilie fein wiegen. Zwiebel in heißer Butter andünsten, Spinat und Kräuter hinzugeben und mitdünsten. Gemüsebrühe angießen, durchkochen. Sahne mit dem Pürierstab daruntermixen, Suppe abschmecken und mit Petersilie garnieren.

Zanderfilet im Süürampfersee

[Zanderfilet im Sauerampfersee]

- *4 Portionen Zanderfilet (alternativ: Heilbutt, Lachs)*
- *Zitronensaft*
- *Salz, Pfeffer*
- *150 ml Fischfond*
- *100 ml trockener Wein (z.B. Riesling)*
- *1 EL Schalotte*

für die Soße:

- *2 EL Butter*
- *1 Zwiebel*
- *100 g Sauerampfer*
- *1 Becher Sahne*
- *20 g Butter*
- *Salz*

Den Fisch mit Zitronensaft beträufeln, würzen. Fischfond und Wein mit der geschnittenen Schalotte zum Kochen bringen. Fischfilets nebeneinander hineinlegen. Bei geschlossenem Deckel knapp unter dem Siedepunkt 5-8 Min. garen. Filets herausnehmen und warmhalten. Für die Soße die Butter zerlassen, geschnittene Zwiebel anschwitzen, gewaschene Sauerampferblätter hinzugeben und in sich zusammenfallen lassen. Mit dem Sud und der Sahne ablöschen, 5 Min. weiterkochen. Die kalte Butter druntermixen, salzen. Den Fisch in der Sauerampfersoße erwärmen, auf Tellern anrichten und mit der Soße übergießen. Mit Salzkartoffeln, Reis oder Nudeln servieren.

Bachoofe-Tomade in e'me Basilikum-Sahne-Seeßli

[Backofen-Tomaten in einer Basilikum-Sahne-Soße]

- *2-3 EL Butter*
- *2 Zwiebeln*
- *4 Knoblauchzehen*
- *200 ml Gemüsebrühe*
- *100 ml Wein (z.B. Weißer Burgunder)*
- *1 Becher Sahne*
- *1 Bund Basilikum*
- *Salz, Pfeffermühle*
- *je 1 Prise Cayennepfeffer und Muskat*
- *12 mittlere Tomaten*
- *150 g Pecorinokäse*
- *Kräuterzweige zur Garnitur*

Butter in einer Pfanne erhitzen. Zwiebeln und Knoblauch schälen, fein würfeln, ins Fett geben und glasig dünsten. Gemüsebrühe, Wein und Sahne angießen und aufkochen lassen. Das gewaschene und fein geschnittene Basilikum zur Sahnesoße geben, mit Salz und Gewürzen abschmecken. Tomaten waschen, Strunk herausschneiden, in eine Auflaufform setzen. Mit der Soße übergießen, mit dem geriebenen Pecorino bestreuen und bei 180-200° im Backofen 15-20 Min. überbacken. Herausnehmen, mit frischen Kräutern garnieren und sofort servieren.

Abrikoseköäche mid e wengili Thiemian

[Aprikosenkuchen mit ein wenig Thymian]

für den Mürbteig:

- *200 g Mehl*
- *1 Prise Salz*
- *3 EL Zucker*
- *1 TL Zitronenschale*
- *1 Ei*
- *1 EL kaltes Wasser*
- *100 g kalte Butter*

für den Belag:

- *750 g frische Aprikosen (alternativ aus der Dose)*
- *250 g Schichtkäse*
- *6 EL Honig*
- *1 Ei*
- *1 Pä. Vanillepuddingpulver*
- *1 Becher Sahne*
- *50 g Mandelstifte*
- *1/2 Bund Thymian*

Mehl mit Salz, Zucker, abgeriebener Zitronenschale,

Ei, kaltem Wasser und Butter zu einem geschmeidigen Teig kneten, in Klarsichtfolie wickeln und im Kühlschrank 1 Std. ruhen lassen. Teig ausrollen und eine gefettete Backform (26 cm) damit auslegen, einen Rand formen. Den Boden mit einer Gabel mehrmals einstechen.
Aprikosen waschen, halbieren und die Steine entfernen. Schichtkäse mit Honig, Ei und Vanillepuddingpulver verrühren, Sahne steif schlagen und unterheben.

Quarkmasse auf den Teig streichen, die Aprikosenhälften mit der Rundung nach oben darauf legen und mit den Mandelstiften bestreuen.
Den Kuchen bei 180-200°

ca. 30-45 Min. backen, herausnehmen und erkalten lassen. Thymian waschen, abtropfen lassen, die Blättchen abzupfen und über den Kuchen streuen.

Müschketsalbei-Bowle

[Muskatsalbei-Bowle]

- *5 große Blätter Muskatellersalbei*
- *1 l leichter Weißwein*
- *Zucker nach Belieben*
- *1 Flasche Sekt*
- *Mineralwasser*

Wein in eine Schüssel gießen. Salbei waschen, trockenschütteln und zu einem Sträußchen binden. An einem Kochlöffel, der über die Schüssel gelegt wird, befestigen und in den Wein hineinhängen lassen. Je nach Geschmack bis zu 1 Std. ziehen lassen. Mit Zucker abschmecken, mit Sekt und Mineralwasser auffüllen.

Waldmeischder-Bowle

[Waldmeister-Bowle]

„Maibowle"

- *1 Bund frischer Waldmeister (vor dem Blühen)*
- *1 l Apfelwein oder leichter Weißwein*
- *ca. 3 EL Zucker*
- *3/4 l Sekt oder Mineralwasser*

Waldmeister

Jungen Waldmeister, der noch nicht blühen darf, nach dem Pflücken waschen, abtropfen und einen Tag welken lassen, anschließend zu einem Sträußchen binden. Wein mit dem Zucker in ein Bowlengefäß geben. Den Waldmeisterstrauß mit einem Faden so in den Wein hineinhängen, dass die Stielenden herausragen. Ungefähr 20-30 Min. im Kühlen ziehen lassen. Dann das Kraut herausnehmen. Kurz vor dem Servieren mit gut gekühltem Sekt oder Mineralwasser auffüllen.

Gesund und schön mit Kräutern

Bademilch „Kleopatra“

- *2 l Vollmilch oder ½ l Sahne*
- *1 Tasse Honig*
- *10 Tropfen ätherisches Öl der Wahl (z.B.: Rosenöl/Geranienöl/Lavendelöl)*

Zutaten durch Schütteln miteinander vermischen und ins Badewasser geben. Frisch gepflückte Rosenblüten dazugeben. Und genießen…

Blüten-Körperöl

- *1 l Oliven- oder Mandelöl*
- *Lavendel- oder Rosenblüten*

Die frisch gesammelten Blüten waschen und leicht mit einem Tuch trocknen. Anschließend in dekorative Flaschen füllen und mit dem Öl auffüllen, bis alle Blüten bedeckt sind.

Efeu-Massageöl

- *2 Handvoll frische Efeublätter*
- *200 ml Ringelblumenöl (Ringelblumenblüten an der Sonne gepflückt in Olivenöl geben und 3 Wochen ziehen lassen)*
- *2 Tropfen Rosmarinöl*

Efeublätter in ein verschließbares Glas geben, mit Öl auffüllen und 2 Wochen gut verschlossen an einem warmen Ort ziehen lassen. Durch ein Sieb abseihen, Blätter gut ausdrücken. Rosmarinöl hinzugeben und in eine Flasche abfüllen.

Bei regelmäßiger Anwendung ein wunderbares Mittel gegen Zellulitis!

Bauch-Massageöl

- *100 ml kaltgepresstes Pflanzenöl*
- *10 g Kräuter, zusammengesetzt aus:*
  5 g Fenchel
  3 g Kümmel
  2 g Kamillenblüten

Fenchel und Kümmel im Mörser oder zwischen zwei Löffeln anquetschen und mit den Kamillenblüten in ein kleines Marmeladenglas geben. Mit dem Öl auffüllen und verschlossen an einen hellen, warmen Ort stellen. Täglich schütteln. Nach 3 Wochen durch ein feinmaschiges Tuch abschütten und dunkel und kühl aufbewahren. Ca. 1 Jahr haltbar.

Bei Blähungen, Bauchweh, Magen- und Darmkrämpfen ruhig und gleichmäßig im Uhrzeigersinn den Bauch mit dem Öl massieren.

Kräuter-Gesichtsdampfbad

- *1 l Wasser*
- *1-2 Handvoll getrocknete Pfefferminz- und Salbeiblätter oder Holunder- und Lavendelbüten*

Das Wasser zum Kochen bringen und die Kräuter damit überbrühen. Ein Handtuch über den Kopf legen und mit dem Gesicht über den dampfenden Topf beugen. Nach 10-15 Min. das Dampfbad beenden und das Gesicht mit kühlem Wasser benetzen.

Milde Kräuterspülung

- *2 Tassen Wasser*
- *1 TL getrocknete oder 1 Handvoll frische Brennnesseln*
- *1 TL getrocknete oder 1 Handvoll frische Königskerzenblüten*
- *1 TL getrocknetes oder 1 Handvoll frisches Zinnkraut*
- *etwas Zitronensaft oder Apfelessig dazugeben*

Das Wasser zum Kochen bringen und die Kräuter damit überbrühen. 10 Min. ziehen lassen. Abseihen, ein wenig abkühlen lassen und etwas Zitronensaft oder Apfelessig dazugeben. In das Haar einmassieren und 3-5 Min. einwirken lassen, danach wieder ausspülen.

Badesalz

- *250 g Meersalz*
- *mindestens 1 gute Handvoll Kräuter und Gewürze:*
  getrocknet z.B. Wacholder, Rosmarin, Lorbeer, Tanne, Pappelknospen, Ingwer, Zimt, Kardamom.
  frisch z.B. Birkenknospen, Gänseblümchen, Brennnesselspitzen, Tannenspitzen, Orangenschale (ungespritzt)

Man kann ganze Pflanzen, frisch oder getrocknet, direkt im Salz ausziehen lassen. Immer schichtweise einfüllen und 3 Wochen stehen lassen. Für 1 Vollbad rechnet man ca. 70 g Salz. Einmal pro Woche anwenden. Hinterher eincremen, da das Salz die Haut austrocknet.

Wen bei der Anwendung die Kräuter und Gewürze stören, der gibt die Portion einfach in einen Waschlappen und lässt das heiße Wasser drüberlaufen.
Haltbarkeit: sehr lang, da Salz konserviert.
Heilwirkung: Die Kräuter stimulieren und durchbluten die Haut und haben einen stark reinigenden Effekt.

Lavendel

Blutwurztinktur

- *Wurzelknollen von der Blutwurz*
- *Schnaps (mind. 45 %)*

Im Herbst einige Wurzelknollen der Blutwurz graben, mit der Gemüsebürste schrubben und sehr klein schneiden. Auf 100 ml Schnaps 2 EL Knollenstückchen in einem verschließbaren Glasgefäß ansetzen. 3 Wochen im Dunkeln ziehen lassen. Filtrieren, in dunkle Flaschen abfüllen und kühl und dunkel aufbewahren (Haltbarkeit: 1 Jahr).

Blutwurz hat stark blutstillende und desinfizierende Eigenschaften. Ein paar Tropfen der Tinktur, auf die Zahnbürste gegeben, können bei Zahnfleischerkrankungen helfen. Bei Halsschmerzen mit einigen Tropfen in Wasser gurgeln. Bei Schnittverletzungen pur auf die Haut auftragen. Die Tinktur ist auch zum Trinken geeignet.

Lippenbalsam

- *10 Teile Traubenkernöl*
- *2 Teile Kakaobutter*
- *1-1,5 Teile gelbes Bienenwachs*
- *pro 10 ml Salbe 1-2 Tropfen ätherisches Öl (z.B. Benzo, Rose, Vanille, Honig)*

Wachs und Kakaobutter in Traubenkernöl schmelzen und in kleine 10 ml-Töpfchen abfüllen. Pro Töpfchen 1-2 Tropfen ätherisches Öl zufügen und mit einem Zahnstocher gut verrühren, bis die Salbe zu härten beginnt. Offen abkühlen lassen. Im Kühlschrank ist das Balsam mindestens 1 Jahr haltbar.

Heilsame Harzsalbe

- *50 g selbst gesammeltes Harz von Fichte, Tanne oder Kiefer*
- *100 g sehr gutes Speiseöl (z.B. Bio-Olivenöl)*
- *max. 15 g Bienenwachs*

Auf einem Spaziergang das noch weiche oder bereits getrocknete Harz von den Bäumen sammeln, dabei die harzende Wunde selbst unberührt lassen und nur von den intakten Rinden unter-

halb das Harz abbrechen. In einem alten, ausrangierten Topf das grob von Verunreinigungen wie Rindenstücken etc. befreite Harz unter Rühren erwärmen, bis es sich verflüssigt hat. Das Olivenöl hinzugeben, rühren und weiter so lange erwärmen, bis sich das Harz gut mit dem Öl vermischt hat. Das Gemisch durch ein Tuch (z.B. Mullwindel) abseihen, um die Verunreinigungen aus dem Harz zu entfernen. Das übrig gebliebene Harz-Öl-Gemisch nochmals abmessen und pro 10 g Menge 1 g Bienenwachs hinzugeben, erwärmen, bis sich das Wachs verflüssigt hat und in Töpfchen umfüllen. Im Kühlschrank ist die Salbe ca. 1 Jahr haltbar.

Mit dieser Salbe hat man schon früher Muskelkater, Muskelschmerzen und Rheumaleiden gelindert, da sie sehr erwärmend ist. Als Brustsalbe aufgetragen, erleichtert sie das Durchatmen.

Rezepte von Astrid Fiebich, Michaela Girsch, Nicole Kaiser und Ulrika Tröscher

Erste Hilfe aus der Natur

Spitzwegerich

Schürfwunden, Insektenstiche, Schnittverletzungen, Sturz in Brennnesseln:

Spitzwegerichblätter sammeln, ca. 6 Stück, einen Knoten daraus machen und durch Reiben zwischen den Handflächen den Saft der Pflanze herauspressen, wenn möglich in ein sauberes Gefäß tropfen lassen. Dann auf die betroffene Hautstelle träufeln, jedoch nicht verreiben!

Achtung: Hilft gut bei Schnittverletzungen oder Schürfwunden, brennt aber je nach Größe der Verletzung stark!

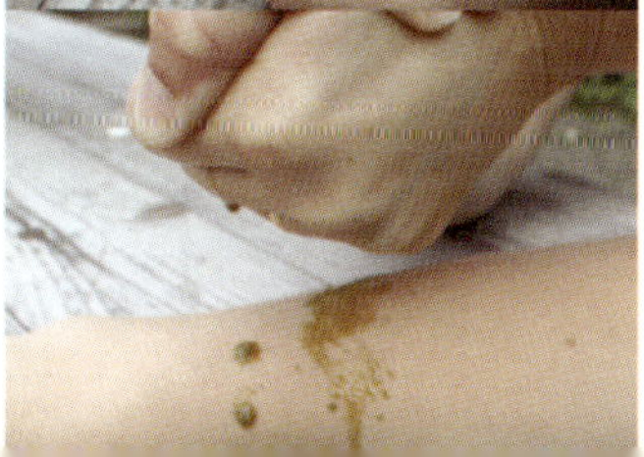

Husten:

Einige Spitzwegerichblätter in eine Tasse oder Flasche geben und mit kaltem Wasser übergießen, ca. 2 Std. ziehen lassen, abseihen und das Spitzwegerichwasser über den Tag verteilt schluckweise trinken.

Salbei

Zahnbürste:

Salbeiblätter kann man als Ersatz-Zahnbürste verwenden, sollte man diese, wenn man unterwegs ist, einmal vergessen haben. Dazu ein Salbeiblatt um den Zeigefinger spannen und die Zähne damit polieren. Gibt gleichzeitig einen guten Geschmack!

Gemeiner Pferdeampfer

Sonnenbrand:

Wenn man unterwegs Gefahr läuft, einen Sonnenbrand zu bekommen, keine Sonnencreme dabei hat oder bereits leichte Verbrennungen spürt, können die Blätter des gemeinen Ampfers helfen. Einfach ein großes Blatt auf die Schultern legen und mit dem einen Ende unter den Rucksack klemmen oder auf die Nase unter die Sonnenbrille heften. Das Blatt schützt an diesen Stellen vor weiterer Sonneneinstrahlung und kühlt angenehm.

Brotpapier:

Speisen, z.B. Butter oder Butterbrote, halten länger frisch, wenn man sie in ein Pferdeampferblatt einwickelt.

Breitwegerich

Wunde oder schmerzende Füße:

Wenn einen beim Wandern die Füße schmerzen, kann man ein Breitwegerichblatt (gibt es in jeder „Schuhgröße") unter den nackten Fuß legen und wieder in Strumpf und Schuh schlüpfen. Bitte rechtzeitig anwenden – nicht erst, wenn man bereits Blasen bekommt!

Huflattich

Erste-Hilfe-Notdurft-Blätter:

Das Huflattichblatt eignet sich aufgrund seiner Größe und der samtig weichen Unterseite hervorragend als Natur-Toilettenpapier, falls man unterwegs einmal in Nöte geraten sollte.

von Gitta Schmidt

Huflattich-Zigaretten

Die Zigaretten „gegen Asthma"

Der Huflattich (Tussilago farfara) wird unter anderem auch Tabakkraut genannt! Hier die Anleitung für eine Huflattichzigarette, die man „gegen Asthma" rauchen kann.
Blätter trocknen (**Vorsicht: Nicht mit den Blättern der Pestwurz verwechseln, diese sieht ähnlich aus und blüht auch, bevor die Blätter wachsen!**), zerbröseln und in Zigarettenpapierchen wickeln oder in der Pfeife rauchen.

***Achtung:* Es riecht genauso wie „Gras" (Marihuana), wenn man das raucht!**

***Warnhinweis:* Huflattich enthält Pyrrolizidinalkaloide, die krebserregend und leberschädigend sind. Deshalb diese Zigarette nur in Einzelfällen rauchen und eine Tagesdosis von 6 g nicht überschreiten!**

Voraussetzung für alle diese Maßnahmen ist natürlich, dass man die Pflanzen, die man pflück[t] sehr genau kennt!

Huflattich

Tipps zu Kräutern

Wo sich Kräuter zuhause fühlen

Die einen lieben es sonnig und heiß, auf kalkhaltigen, steinigen Böden. Andere wiederum fühlen sich im Schatten des Waldes erst so richtig wohl – oder in einer feuchten Umgebung, nah am Wasser oder sogar mittendrin. Es gibt so gut wie keinen Standort, an dem nicht irgendein Kräutlein gedeiht, und sei es nur zwischen blanken Eisenbahnschienen.
Wünscht man sich ein üppiges Wachstum im Gartenbeet, sollte man die speziellen Vorlieben der einzelnen Kräuter ernst nehmen. So sind die mediterranen Klassiker wie Salbei, Thymian und Majoran gut in einem Steingarten aufgehoben, während Kerbel eher eine halbschattige Lage bevorzugt. Eine gleichermaßen praktische wie optisch bereichernde Lösung ist das Anlegen einer ansteigenden Kräuterspirale. Hier findet jedes Kraut seinen Lieblingsplatz – vom „Mauerblümchen" bis zum „Gipfelstürmer".

Kräuter haltbar machen

Eine ganz alte und weit verbreitete Methode, Kräuter zu konservieren, ist das Trocknen. Dazu werden die Kräuter zu lockeren Sträußen zusammengebunden und kopfüber aufgehängt. Empfindliche Blüten und Blätter können auch auf

einem großen Bogen Papier oder Trockendarren liegend getrocknet werden. Der Trocknungsvorgang ist dann beendet, wenn die Kräuter beim Anfassen rascheln und die Stängel leicht brechen. Um das getrocknete Kraut küchenfertig zu zerkleinern, treibt man es durch ein grobes Sieb.

Längerfristig aufbewahrt werden getrocknete Kräuter am besten in Weißblechdosen oder dunklen, verschraubbaren Gläsern.

Wild, hartnäckig und gesund

Sie sind die „Stiefkinder“ von Anhängern gepflegter Grünanlagen: die „Unkräuter“. Mit ihrem Drang zur Vermehrung und ihren teilweise weit verzweigten Wurzeln lassen sie sich nicht unterkriegen. Und sie sind als Erste zur Stelle, wenn der letzte Schnee taut. Giersch, Löwenzahn und Brennnesseln sind solch „wilde Gesellen“ zwischen den Blumenbeeten, die sich auf den zweiten Blick als wohlschmeckende und nahrhafte Gemüse- und Salatpflanzen erweisen. Die moderne Küche hat sie wiederentdeckt und erfreut den Genießer heute mit phantasievollen Kreationen, die es in sich haben.

Löwenzahn

Bitte genau hinsehen!

Wer gerne durch Wälder und Wiesen streift, um seinen Speiseplan zu bereichern, sollte genau wissen, was er erntet und zubereitet.

Deshalb gilt: Mitgenommen wird nur, was man einwandfrei bestimmen kann. Nicht nur bei Pilzen, sondern auch bei Wildkräutern bestehen Verwechslungsgefahren! Ein Beispiel dafür ist der Bärlauch, der dem Maiglöckchen und der Herbstzeitlosen zum Verwechseln ähnlich sieht.

Mit Kräuterfachleuten lernen und genießen

Wer auf Nummer sicher gehen und dabei seinen Horizont erweitern möchte, nimmt an den in ländlichen Gegenden zahlreich angebotenen Kräuterkursen oder Kräuterwanderungen teil. In lockerer Runde wird dabei Fachwissen zur Wildkräuterküche vermittelt, oft kombiniert mit praktischen Tipps und feinen Zubereitungen.

Kräuter waren schon immer ein Thema

Apotheker Dr. Martin Kullmer *Rats-Apotheke Bötzingen*

In seiner Familie, in der der Apothekerberuf bereits in der dritten Generation ausgeübt wird, sind Arzneipflanzen und ihre Zubereitungen seit jeher ständige Begleiter des beruflichen wie privaten Alltags. Bereits in jungen Jahren, als er mit den Eltern ausgedehnte Spaziergänge und Wanderungen unternahm, war das Entdecken, Benennen und meist auch Fotografieren von Arzneipflanzen am Wegesrand etwas Selbstverständliches.

In der Apothekenpraxis spielen Arzneipflanzen heute vor allem in Form von modernen Naturstoffpräparaten eine wichtige Rolle. Mit wissenschaftlichen Methoden wird das therapeutische Potenzial zahlreicher Arzneipflanzen aufwändig untersucht und in optimierter, standardisierter Form als Fertigarzneimittel bereitgestellt. Zahlreiche Erkrankungen können mit pflanzlichen Arzneimitteln auf diese Weise gut und mit einer niedrigen Rate an unerwünschten Wirkungen behandelt werden. Dabei scheint das komplexe Zusammenspiel natürlicher Wirkkomponenten einen entscheidenden Einfluss auf die Wirksamkeit von pflanzlichen Zubereitungen zu haben. Generationen von Anwendern haben sich diese Wirksamkeit bereits zu Nutzen gemacht.

Auf den folgenden Seiten beschreibt Apotheker Dr. Martin Kullmer eine Auswahl von Pflanzen, die durch ihr therapeutisches und nicht selten auch kulinarisches Potenzial überzeugen.

Arnika
Arnica montana

Familie: Korbblütler - Asteraceae

Beschreibung: 20 bis 60 cm hohe, ausdauernde Pflanze. Stängel meist aufrecht, behaart, 1-3 Blütenkörbchen tragend. Ein Blütenkörbchen endständig, die anderen aus den Blattachseln entspringend. Einzelnes Körbchen 5-8 cm breit, leuchtend gelb bis gelborange. Grundblätter rosettenständig, flach am Boden liegend, Stängelblätter gegenständig.

Standort: Feuchte Bergwiesen, Heiden, Hochmoore. Bevorzugt humusreichen bis sandigen, ungedüngten Boden.

Ernte: Arnica montana steht unter Naturschutz und darf nicht gesammelt werden.

Anwendung: Medizinische Verwendung finden Zubereitungen aus Arnikablüten. Eingesetzt werden sie äußerlich bei unblutigen Verletzungs- und Unfallfolgen (z. B. Blutergüssen, Verstauchungen, Prellungen, Quetschungen, Schwellungen), rheumatischen Muskel- und Gelenkbeschwerden, Entzündungen der Mund- und Rachenschleimhaut, schubweisem Auftreten von Furunkeln, Entzündungen als Folge von Insektenstichen und oberflächlichen Venenentzündungen.

Hinweis: Bei einer längeren Anwendung und bei zu hoch konzentrierten Arnika-Zubereitungen kommt es häufig zu unerwünschten Hautreaktionen. Nicht anwenden bei einer bekannten Überempfindlichkeit gegen Korbblütler. Nicht anwenden auf verletzter Haut. Nicht innerlich anwenden.

Bärlauch
Allium ursinum

Familie: Lauchgewächse - Alliaceae

Beschreibung: Zwiebelpflanze

20 bis 50 cm hoch werdend mit grundständigen, breit lanzettlichen Blättern, Trugdolden mit weißen Blüten. Knoblauchgeruch, besonders beim Zerreiben.

Standort: Zerstreut vorkommend, aber oft auch massenhaft in feuchten, humusreichen Laub- und Auwäldern und den ganzen Waldboden bedeckend. Bevorzugt kalkhaltige Böden an schattigen oder halbschattigen Standorten.

Ernte: Von Februar bis Mai können die jungen Blätter, Blütenknospen, Blüten und jungen Früchte geerntet werden. Verwechslungen mit Blättern der Herbstzeitlose (Colchicum autumnale) und des Maiglöckchens (Convallaria majalis) sind denkbar. Verwechslungen mit tödlichem Ausgang sind beschrieben.

Küchentipp: Die frischen Blätter werden ähnlich wie Schnittlauch, Zwiebeln oder Knoblauch als Gewürz verwendet. Trocknen führt zu einem fast völligen Aromaverlust.

Anwendung: Bärlauch ist appetitanregend und hat eine verdauungsfördernde Wirkung. Bärlauch wird zur Vorbeugung und Therapie altersbedingter Gefäßerkrankungen eingesetzt. In wissenschaftlichen Untersuchungen wird eine kardioprotektive Wirkung diskutiert.

Hinweis: Der übermäßige Gebrauch kann zu Magenreizungen führen.

Beinwell
Symphytum officinale

Familie: Rauhblattgewächse - Boraginaceae

Beschreibung: Mehrjährige, 50 - 150 cm hohe, borstig behaarte Staude. Wurzel gut daumendick, außen schwarz, innen weiß. Blätter lang und an den Enden verschmälert, mit grober Netznervatur. Blumenkrone gelblichweiß oder rotviolett.

Standort: Wächst an Gräben, Bachufern und auf feuchten Wiesen. Bevorzugt humosen, tiefgründigen Boden.

Ernte: Die Wurzeln werden im Frühjahr oder Herbst geerntet. Die Blätter bzw. das Kraut zur Blütezeit.

Anwendung: Medizinische Verwendung finden Zubereitungen aus Beinwellwurzel/ -kraut/ -blättern. Auf intakter Haut werden sie äußerlich bei Prellungen, Zerrungen, Verstauchungen eingesetzt.

Hinweis: Aufgrund Spuren leberschädigender Alkaloide (Pyrrolizidinalkaloide) wird eine Anwendungsdauer von max. 4 bis 6 Wochen im Jahr empfohlen. Keine Verwendung in der Schwangerschaft, Stillzeit und bei Kindern unter 2 Jahren. Bei Produkten, bei denen durch ein Spezialverfahren der Gehalt an Pyrrolizidinalkaloiden deutlich reduziert wurde (z. B. Kytta-Salbe®), gibt es keine Begrenzung der Anwendungsdauer. Keine innerliche Anwendung von Beinwellzubereitungen.

Bohnenkraut
Satureja hortensis

Familie: Lippenblütler - Lamiaceae

Beschreibung: Einjährige Pflanze, bis 30 cm werdend. Stängel aufrecht, buschig verzweigt, feinflaumig behaart, unterer Teil verholzend. Blätter gegenständig, schmal, lanzettförmig, ungestielt, ganzrandig, leicht behaart. Blüten rosa, auch weiß oder lilafarben, in 2-5-blütigen Scheinquirlen in den oberen Blattachseln.

Standort: Bevorzugt leichten, lockeren, humosen Boden in sonnigen Lagen.

Ernte: Junge Blätter und Triebe können laufend geerntet werden. Zum Trocknen wird kurz vor oder während der Blüte geerntet.

Küchentipp: Bohnenkraut wird als Gewürz in Form von gebündelten Zweigen je nach gewünschter Aromastärke 5 -10 Minuten vor Ende der Garzeit den zu würzenden Speisen hinzugefügt. Vor dem Servieren wird es wieder entfernt. Aufgrund der starken Würzkraft sparsam verwenden.

Anwendung: Eingesetzt in der Erfahrungsheilkunde.

Bockshornsamen
Trigonella foenum-graecum

Familie: Schmetterlingsblütler - Fabaceae

Beschreibung: Einjährige, bis 60 cm hohe Pflanze. Stängel kräftig, stark verzweigt. Blätter kurz gestielt, dreizählig. Blüten blassgelb, am Grunde hellviolett, in den Blattachseln sitzend. Hülsenfrucht bis 20 cm lang, enthält 4-20 Samen.

Standort: Bevorzugt nährstoffreichen, leicht kalkhaltigen, nicht zu leichten Boden an warmen, sonnigen Standorten.

Ernte: Die reifen Samen werden im Herbst geerntet.

Küchentipp: Als Gewürz sind Bockshornsamen in Indien, Sri Lanka, Nordostafrika, China und Südeuropa besonders beliebt. Sie werden entweder ganz oder gemahlen bzw. zerstoßen verwendet. Leichtes Anrösten ohne Fett entbittert die Samen. Bockshornsamenpulver ist Bestandteil des Curry-Gewürzes. Aufgrund der hohen Würzkraft sparsam verwenden.

Anwendng: Medizinische Verwendung finden Zubereitungen aus Bockshornsamen. Innerlich werden sie bei Appetitlosigkeit eingesetzt. In Form von Breiumschlägen dienen sie äußerlich zur Behandlung lokaler Entzündungen. Aufgrund klinischer Studien werden sie bei Haarausfall verwendet.

Hinweis: Bei wiederholter äußerer Anwendung kann es zu unerwünschten Hautreaktionen kommen.

Bockshornklee

Borretsch
Borago officinalis

Familie: Raublatt- oder Borretschgewächse – Boraginaceae

Beschreibung: Einjährige, bis 80 cm hohe Pflanze. Stängel verzweigt, kräftig, mit stechenden Borsten. Blätter wechselständig, kurzgestielt, elliptische Form, weich, saftig, beidseits behaart. Blüten lilablau, an ca. 2-3 cm langen Stängeln, nickend.

Standort: Braucht nahrhaften, leicht feuchten, aber durchlässigen Boden.

Ernte: Die jungen, zarten Blätter können laufend geerntet werden. Die Samen erntet man im August.

Küchentipp: Frisch gepflückte junge, gehackte Blätter werden zum Würzen verschiedener Speisen, insbesondere Gurkensalat, verwendet. Getrocknetes Borretschkraut wird

wegen des raschen Aromaverlusts nicht als Gewürzdroge eingesetzt.

Anwendung: Medizinische Verwendung findet Borretschsamenöl. Eingesetzt wird es innerlich und äußerlich zur Behandlung von Neurodermitis.

Hinweis: Keine Verwendung in den ersten drei Monaten einer Schwangerschaft und für Kinder unter 1 Jahr. In Zubereitungen aus Borretschblüten/-kraut sind wechselnde Mengen leberschädigender Alkaloide (Pyrrolizidinalkaloide) enthalten. Gegen den sparsamen Einsatz als Gewürz (s. o.) dürften allerdings keine gesundheitlichen Bedenken bestehen.

Brennnessel
Urtica dioica

Familie: Brennnesselgewächs - Urticaceae

Beschreibung: 60 bis 150 cm hohe Staude, Blätter eiförmig, zugespitzt, mit grob gesägtem Rand. Brenn- und Borstenhaare vorkommend. Blütenrispen länger als die Blattstiele.

Standort: Äcker, Hecken, Zäune, besonders auf nährstoffreichen Böden (Stickstoffanzeiger).

Ernte: Die jungen, frischen Triebe können fast ganzjährig geerntet werden. Zum Trocknen pflückt man im Juni bis August die Blätter, die Wurzeln im Frühjahr oder im Spätherbst.

Küchentipp: Aus den jungen, zarten Brennnesseltrieben kann ein spinatähnliches Gemüse zubereitet werden.

Anwendung: Medizinische Verwendung finden Zubereitungen aus Brennnesselkraut/-blättern. Eingesetzt werden sie sowohl innerlich als auch äußerlich bei rheumatischen Beschwerden, innerlich zur Durchspülungstherapie bei entzündlichen Erkrankungen der ableitenden Harnwege (Blätter/Kraut), bei Beschwerden beim Wasserlassen bei einer vergrößerten Prostata (Wurzel).

Hinweis: Keine Anwendung von Zubereitungen aus Brennnesselkraut/-blättern bei Wassereinlagerung ins Gewebe infolge einer eingeschränkten Herz- und Nierentätigkeit. Die Einnahme von Zubereitungen aus Brennnesselwurzel kann gelegentlich zu leichten Magen-Darm-Beschwerden führen.

Echter Dost
Origanum vulgare

Familie: Lippenblütler - Lamiaceae

Beschreibung: Staude, Stängel bis 50 cm hoch werdend, aufrecht, vierkantig, verzweigt, oft rötlich überlaufend, behaart. Blätter gegenständig, kurz gestielt, eiförmig, ganzrandig oder schwach gekerbt. Blütenstände endständig oder an den Enden der Seitenäste, in Scheinquirlen. Blüten klein, zartrosa.

Standort: Trockener, humoser, durchlässiger Boden an warmen, windgeschützten, sonnigen Standorten.

Ernte: Zum Trocknen wird zu Beginn der Blütezeit das ganze Kraut ohne die verholzten, unteren Teile geerntet. Frische Blätter und junge Triebspitzen können vom Frühjahr bis in den Herbst gepflückt werden.

Küchentipp: Echter Dost (Oregano) ist ein beliebtes Gewürz der italienischen, griechischen, spanischen, französischen, südamerikanischen und nordamerikanischen Küche. Wegen der großen Würzkraft sollte Dost sparsam verwendet werden. Wegen der Flüchtigkeit der Aromastoffe erst etwa 10 Minuten vor Ende der Garzeit zugeben.

Anwendung: Eingesetzt in der Erfahrungsheilkunde.

Engelwurz
Angelica archangelica

Familie: Doldengewächse - Apiaceae

Beschreibung: Ausdauernde, bis 2 m hohe Pflanze. Wurzel rübenartig. Stängel gerillt, hohl, oben verzweigt, rötlich angelaufen. Grundblätter sehr lang, gestielt, dreifach gefiedert, Blättchen eiförmig, gezähnt. Blüten in 20- bis 40-strahliger, halbkugeliger Doppeldolde. Kronblätter grünlich.

Standort: Wächst an feuchten Wäldern, an Gräben und in Schluchten. Bevorzugt tiefgründigen, humusreichen, feuchten Boden.

Ernte: Rhizom und Wurzel werden im Frühjahr oder im Herbst geerntet. Verwechslungsgefahr mit anderen giftigen Doldengewächsen.

Küchentipp: Gehackte junge Blätter können zum Würzen von Speisen eingesetzt werden. Junge Stängel und Blattstiele können roh oder blanchiert als Gemüse sowie kandiert als Naschwerk gegessen werden. Ätherisches Angelikaöl und Extrakte aus Früchten und Wurzeln werden zur Herstellung von Likören benutzt.

Anwendung: Medizinische Verwendung finden Zubereitungen aus Engelwurz (Angelikawurzel). Eingesetzt werden sie bei Appetitlosigkeit und bei Verdauungsbeschwerden wie leichten Magen-Darm-Krämpfen, Völlegefühl, Blähungen.

Hinweis: Spezielle Inhaltstoffe machen die Haut lichtempfindlicher. Während der Anwendung auf längere Sonnenbäder oder intensive UV-Bestrahlung verzichten.

Gänseblümchen
Bellis perennis

Familie: Korbblütler - Asteraceae

Beschreibung: Ausdauernde Pflanze, bis zu 10 cm hoch werdend. Blätter in einer grundständigen Rosette, schmal bis oval, gestielt. Blüte endständig auf einem behaarten Stängel. Blütenköpfchen gelb. Zungenblüten weiß, an den Spitzen und unterseits rötlich schimmernd.

Standort: Wächst in Gärten, an Wegrändern, auf Wiesen und Weiden.

Ernte: Frische Blätter und Blüten können das ganze Jahr über geerntet werden. Der beste Sammelzeitpunkt ist zur Blüte von April bis August.

Küchentipp: Gänseblümchen sind essbar und gut zur Dekoration von Speisen (z. B. Salate, Suppen, Butterbrot) geeignet.

Anwendung: Eingesetzt in der Erfahrungsheilkunde.

Giersch
Aegopodium podagraria

Familie: Doldengewächse - Apiaceae

Beschreibung: Ausdauernd, bis 100 cm hoch werdend. Stängel hohl, kahl. Blätter gestielt, doppelt dreiteilig, Teilblättchen länglich-eiförmig, gesägt. Blüten in einem 15- bis 20-strahligen doldigen Blütenstand. Blüten weiß, keine Hüllblätter.

Standort: Wächst in Auwäldern, feuchten Laub- und Mischwäldern, an schattigen Waldrändern, in Gebüschen und an Flussufern. Bevorzugt lehmige, stickstoffhaltige Böden.

Ernte: Zum Trocknen wird das Kraut kurz vor der Blüte geerntet.

Küchentipp: Die jungen Triebe und Blätter können als Wildgemüse verwendet werden. Erinnert im Geschmack an Spinat bzw. Petersilie. Ältere Blätter können aufgrund ihres kräftigen Aromas zum Würzen von Speisen eingesetzt werden.

Anwendung: Eingesetzt in der Erfahrungsheilkunde.

Gundermann
Glechoma hederacea

Familie: Lippenblütler - Lamiaceae

Beschreibung: Krautige, ausdauernde Pflanze, bis 20 cm hoch werdend. Stängel niederliegend, vierkantig, an vielen Knoten bewurzelt. Blätter gegenständig, gestielt, nierenförmig bis rundlich-herzförmig, grob gekerbt. Blühende Triebe aufrecht. Blüten in Scheinquirlen in den Blattachseln stehend, blau-violett, selten rosa oder weiß.

Standort: Wächst in Gebüschen, an Wegrändern, Zäunen, in Gärten und Laubwäldern. Bevorzugt feuchte, schwere, fruchtbare sowie kalkhaltige Böden.

Ernte: Die jungen Triebe und Blätter werden im Frühjahr geerntet. Zum Trocknen erntet man das blühende Kraut.

Küchentipp: Im Frühling gesammelte junge Blätter wurden früher als Gemüse gekocht (u. a. in Gründonnerstagsgerichten) und eignen sich als Bestandteil eines Frühlingssalates oder Wildkräuterquarks.

Anwendung: Eingesetzt in der Erfahrungsheilkunde.

Holunder

Sambucus nigra

Familie:
Geißblattgewächse - Caprifoliaceae

Beschreibung: Kleiner Baum oder ästiger Strauch bis 10 m hoch. Äste markreich, mit graubrauner, rissiger Rinde. Blätter gegenständig, gestielt, unpaarig gefiedert. Fiederblättchen oval zugespitzt, gesägt bis gezähnt, unterseits spärlich behaart. Blüten in endständigen, reichblütigen Trugdolden, weiß bis gelblich-weiß. Frucht kugelig, zur Reifezeit schwarzviolett. Fruchtstiele rot.

Standort: Waldränder, Hecken, Vorgärten, Schuttplätze. Bevorzugt sonnige Lagen und feuchte, stickstoffreiche Humusböden.

Ernte: Die ganzen Blütenstände werden Ende Mai bis Juni geerntet und getrocknet. Die Beeren erntet man im August/September, wenn sie vollreif schwarzglänzend sind. Keine unreifen Beeren ernten, da sie ungenießbar bis giftig sind.

Küchentipp: In der Küche finden die Beeren Verwendung zur Herstellung von Marmeladen und Saft. Aus den Blütendolden lassen sich erfrischende Getränke, Likör und Sekt bereiten. Als Holunderküchlein können die Blüten in Pfannkuchenteig ausgebacken werden.

Anwendung: Medizinische Verwendung finden Zubereitungen aus Holunderblüten. Eingesetzt werden sie zur Behandlung von Erkältungskrankheiten.

Huflattich

Tussilago farfara

Familie: Korbblütler - Asteraceae

Beschreibung: Mehrjähriges, bis zu 30 cm hohes Kraut, frühblühend (Februar-April). Blütenschäfte mit dicht behaarten Schuppenblättern. Gelbe Blütenkörbchen mit schmalen Zungenblüten, vor den Blättern erscheinend. Blätter gestielt, rundlich-herzförmig, am Rand grob gezähnt, oberseits dunkelgrün, unterseits durch starke Behaarung weißfilzig.

Standort: Wächst an Wegrändern, Böschungen, auf Äckern und Schuttplätzen. Bevorzugt steinigen, lehmigen, sandigen Boden.

Ernte: Die jungen, sauberen Blätter bis Handtellergröße werden ab April geerntet und getrocknet.

Küchentipp: Die jungen zarten Blätter können zu Wildkräutergerichten verarbeitet werden.

Anwendung: Medizinische Verwendung finden Zubereitungen aus Huflattichblättern. Eingesetzt werden sie bei Katarrh der Luftwege mit Husten und Heiserkeit sowie bei akuten, leichten Entzündungen der Mund- und Rachenschleimhaut.

Hinweis: Huflattichblüten/-kraut/-wurzeln enthalten leberschädigende Alkaloide (Pyrrolizidinalkaloide). Der Dauergebrauch sollte vermie-den werden. Keine Verwendung in der Schwangerschaft und in der Stillzeit, keine Verwendung bei Kindern.

Johanniskraut

Hypericum perforatum

Familie: Johanniskrautgewächse - Hypericaceae

Beschreibung: Ausdauernde, 50-90 cm hohe Pflanze. Stängel aufrecht, oben verzweigt, rund, mit 2 erhabenen Längsleisten. Blätter gegenständig, elliptisch, mit zahlreichen durchscheinenden Punkten. Blütenstand doldenartig. Blüten leuchtend gelb, 5-zählig, besetzt mit schwarzroten Drüsen.

Standort: Wächst an trockenen, warmen Wegrändern, Waldrändern, auf lichten Waldwiesen und auf Brachflächen. Bevorzugt einen sonnigen Standort und einen gut durchlässigen Boden.

Ernte: Geerntet wird das blühende Kraut. Für die Gewinnung von Johanniskrautöl werden Blüten, Knospen und junge Früchte verwendet.

Anwendung: Medizinische Verwendung finden Zubereitungen aus Johanniskraut. Eingesetzt werden sie innerlich bei leichten bis mittelschweren depressiven Verstimmungszuständen, Angst, nervöser Unruhe. Ölige Zubereitungen werden innerlich bei Verdauungsbeschwerden und äußerlich zur Behandlung von scharfen und stumpfen Verletzungen, Verbrennungen 1. Grades sowie zur Behandlung von Muskelschmerzen eingesetzt.

Hinweis: Insbesondere bei hellhäutigen Personen ist eine Photosensibilisierung möglich. Daher ist eine starke Sonnenbestrahlung oder intensive UV-Bestrahlung während der Behandlung zu vermeiden. In hohen Konzentrationen wurde eine Abschwächung der Wirksamkeit verschiedener Arzneimittel beobachtet.

Kapuzinerkresse

Tropaelum majus

Familie:
Kapuzinerkressengewächse - Tropaeolaceae

Beschreibung: Einjährige, weitkriechende, zuweilen kletternde Pflanze. Stängel kahl, fleischig, wasserhaltig. Blätter kreisrund, Durchmesser 3-5 cm, Stängel sitzt in der Mitte der Blattunterseite. Blüte glockenförmig, gespornt. Blütenfarbe gelb, orange bis rot.

Standort: Die Pflanze bevorzugt mäßig nährstoffreichen, lehmig-sandigen Boden an sonnigen bis halbschattigen Standorten. Temperaturen unter 4 °C werden nicht vertragen.

Ernte: Die Triebspitzen, Blätter, Blüten oder Blütenknospen werden frisch, die Früchte unreif geerntet.

Küchentipp: Pflanzenteile sollten immer frisch verwendet werden. Blütenknospen und unreife Früchte in Essig konserviert sind etwa 6 Monate haltbar.

Anwendung: Medizinische Verwendung finden Zubereitungen aus Kapuzinerkresse. Eingesetzt werden sie innerlich bei Infekten der ableitenden Harnwege, Katarrh der Luftwege und äußerlich bei leichten Muskelschmerzen.

Hinweis: Bessere Verträglichkeit bei Einnahme nach dem Essen. Anwendungsdauer nicht länger als 4 bis 6 Wochen. Während der Therapie keinen Alkohol trinken, da die Alkoholtoleranz verringert wird. Haut- und Schleimhautirritationen, Magen-Darm-Beschwerden, Nierenreizungen, Kontaktallergien sind möglich. Nicht mehr als 15 g pro Mahlzeit und nicht mehr als 30 g pro Tag verzehren. Nicht anwenden bei Magen-Darm-Geschwüren und Nierenerkrankungen. Nicht anwenden bei Säuglingen und Kleinkindern.

Löwenzahn

Taraxacum officinalis

Familie: Korbblütler - Asteraceae

Beschreibung: Ausdauernde Pflanze, 10 - 60 cm hoch, mit einer kräftigen Pfahlwurzel. Die einzeln bis zahlreich zusammenstehenden einköpfigen Blütenschäfte sind hohl mit weißem Milchsaft, blattlos. Blätter grundständig, rosettig, stark gelappt und gezähnt. Blüten in großen Körbchen, nur gelbe Zungenblüten. Der Blütenkelch ist aus vielen grünen Hüllblättchen zusammengesetzt.

Standort: Auf allen Böden vom Flachland bis ins Hochgebirge, auf Feldern, Wiesen, Schuttplätzen, in Gärten oder lichten Wäldern. Löwenzahn ist stickstoffliebend.

Ernte: Geerntet werden Blüten und Blätter im April/Mai, die Wurzeln im Herbst.

Küchentipp: Die jungen zarten Blätter eignen sich zu einem leicht bitteren Wildsalat bzw. zu einem spinatähnlichen Gemüse. Die jungen Blütenknospen können als Gemüse zubereitet oder in Essig eingelegt werden.

Anwendung: Medizinische Verwendung finden Zubereitungen aus Löwenzahnwurzel mit -kraut. Eingesetzt werden sie bei Störungen des Gallenflusses, zur Anregung der Harnausscheidung, bei Appetitlosigkeit, bei Verdauungsbeschwerden wie Völlegefühl und Blähungen.

Hinweis: Aufgrund einer Steigerung der Magensaftsekretion kann es zu säurebedingten Magenbeschwerden kommen. Nach dem Kontakt mit dem Milchsaft wurden selten Kontaktallergien beobachtet. Wegen harntreibender Wirkung nicht abends einnehmen. Bei Gallensteinleiden nur nach Rücksprache mit dem behandelnden Arzt anwenden.

Majoran

Origanum majorana

Familie: Lippenblütler - Lamiaceae

Beschreibung: Ausdauernde, bis 50 cm hohe Pflanze. Stängel vierkantig, stark verzweigt, rötlichbraun. Blätter gegenständig, kurz gestielt, eiförmig bis elliptisch, ganzrandig, abgerundet. Blüten in den Achseln von kreisrunden, kopfig angeordneten Hochblättern sitzend, weiß bis blass rosa.

Standort: Die Pflanze benötigt einen warmen, sonnigen Standort und durchlässige, humusreiche, neutrale bis kalkhaltige, sich leicht erwärmende Böden. Frostverträglichkeit bis ca. -7°.

Ernte: Zum Trocknen die oberen Blütentriebe im Knospenstadium vor der Vollblüte ernten. Frische Blätter und junge Triebspitzen können den ganzen Sommer über geerntet werden.

Küchentipp: Als Gewürz ist Majoran besonders in Frankreich, Italien und Griechenland beliebt. Er wird aber auch in der mitteleuropäischen Küche in großem Umfang eingesetzt. Majoran würzt sehr intensiv, daher vorsichtig dosieren. Erst kurz vor Fertigstellung des Gerichtes zugeben.

Anwendung: Eingesetzt in der Erfahrungsheilkunde.

Anwendung: Majorankraut bzw. ätherisches Majoranöl ent-hält Substanzen (Arbutin, Hydro-chinon) in niedrigen Konzentra-tionen, die im Tierversuch krebserregend sind. Ätherisches Majoranöl nicht bei Säuglingen und Kleinkindern anwenden, da keine ausreichenden Studien vorliegen und nur Erfahrungen aus der Volksmedizin existieren.

Melisse

Melissa officinalis

Familie: Lippenblütler - Lamiaceae

Beschreibung: Ausdauernde bis 70 cm hohe Pflanze. Stängel vierkantig, reich verzweigt. Blätter gegenständig, gestielt, eiförmig, kerbig-gesägt, schwach behaart. Blüten weiß bis leicht bläulich, zu mehreren in Scheinquirlen in den Blattachseln der Stängel sitzend.

Standort: Kultiviert in Gärten und auf Feldern auf lockerem, nährstoffreichem, nicht zu trockenem Boden in sonniger, windgeschützter Lage.

Ernte: Die jungen Blätter können laufend geerntet werden. Zum Trocknen werden die Stängel kurz vor der Blüte handbreit über dem Boden abgeschnitten.

Küchentipp: Verwendet werden frische, gehackte Blätter oder Triebspitzen. Wegen des raschen Aromaverlustes beim Erhitzen dürfen die Blätter nicht mitgekocht werden, erst kurz vor dem Servieren zugeben. Frische gehackte Melissenblätter eignen sich besonders zum Aromatisieren von kalten Speisen und Getränken. Ein Melissentee aus frischen Blättern ist geschmacklich einem Tee aus getrockneten Blättern vorzuziehen.

Anwendung: Medizinische Verwendung finden Zubereitungen aus Melissenblättern. Eingesetzt werden sie bei funktionellen Magen-Darm-Beschwerden und bei nervös bedingten Einschlafstörungen, bei Herpes-Sim-plex-Infektionen.

Pfefferminze

Mentha x piperita

Familie: Lippenblütler - Lamiaceae

Beschreibung: Ausdauernde Pflanze, 30-90 cm hoch, Stängel vierkantig, aufrecht, verzweigt, oft braun-violett. Blätter gegenständig, länglich elliptisch, 4-7 cm lang, unterseits schwach behaart, am Rande grob gezähnt. Blüten rosarot-violett, in endständigen, sehr dicht stehenden Scheinähren.

Standort: Für die Kultivierung wird humusreicher, sandiger, nicht zu trockener Lehmboden in warmen, windgeschützten, sonnigen bis halbschattigen Lagen bevorzugt.

Ernte: Zum Trocknen erfolgt die Ernte vor der Blüte durch Schnitt handbreit über dem Boden. Frische Blätter können laufend geerntet werden.

Küchentipp: Pfefferminzblätter kann man zum Würzen von Obstsalaten, Grützen, Kaltschalen, Joghurt und Milchprodukten einsetzen. Auch als Gewürz für Soßen und Lammfleisch wird Pfefferminze verwendet.

Anwendung: Medizinische Verwendung finden Zubereitungen aus Pfefferminzblättern. Eingesetzt werden sie bei krampfartigen Beschwerden im Magen-Darm-Bereich und der Gallenblase/-wege. Durch Wasserdampf gewonnenes Pfefferminzöl wird zusätzlich bei Reizdarm, Katarrh der oberen Luftwege, Mundschleimhautentzündungen, Muskel- und Nervenschmerzen, Spannungskopfschmerz, Migräne, Juckreiz, stumpfen Verletzungen eingesetzt.

Hinweis: Bei empfindlichen Patienten sind Magenbeschwerden möglich. Nicht anwenden bei Verschluss der Gallenwege, bei Gallenblasenentzündungen, bei schweren Leberschäden. Bei Gallensteinleiden nur nach Rücksprache mit dem Arzt anwenden. Bei Säuglingen und Kleinkindern nicht im Bereich des Gesichts anwenden, da es zum so genannten Kratschmer-Reflex (Glottiskrampf) kommen kann.

Ringelblume

Calendula officinales

Familie: Korbblütler - Asteraceae

Beschreibung: Einjährige, bis 60 cm hohe Pflanze. Stängel kantig, filzig behaart, im oberen Teil verzweigt. Blätter breitlanzettlich, fein behaart. Bildet 4-7 cm breite Blütenkörbchen aus, mit sehr zahlreichen, orangegelb gefärbten Zungenblüten und Röhrenblüten.

Standort: Keine besonderen Ansprüche an den Standort.

Ernte: Geerntet werden die voll aufgeblühten Blütenköpfe ohne Stiel bei sonnigem trockenem Wetter.

Küchentipp: In der Küche können Ringelblumenblüten mit ihrem milden Geschmack und ihrer intensiven Färbung zum Anreichern von Butter, Reis, Käse, Gemüse, Suppen oder Salaten eingesetzt werden.

Anwendung: Medizinische Verwendung finden Zubereitungen aus Ringelblumenblüten. Eingesetzt werden sie bei entzündlichen Veränderungen der Mund- und Rachenschleimhaut, bei Wunden, auch mit schlechter Heilungstendenz.

Hinweis: Selten kann es zu allergischen Reaktionen kommen (Korbblütler-Kontaktdermatitis). Daher bei Atopikern und Allergikern wegen der gelegentlichen Allergie auf Korbblütler mit Vorsicht anwenden.

Rosmarin

Rosmarinus officinalis

Familie: Lippenblütler - Lamiaceae

Beschreibung: Immergrüner, holziger Halbstrauch, bis 2 m hoch werdend, stark verzweigt. Blätter gegenständig, nadelförmig, ledrig, am Rande gerollt, oberseits glänzend dunkelgrün, unterseits grau, filzig behaart. Blüten zartblau bis lila, im oberen Teil der Stängel in Scheinquirlen mit 4-6 Blüten angeordnet.

Standort: Mäßig trockene, kalkhaltige, sandige Böden in sonnigen, warmen und windgeschützten Lagen.

Ernte: Zum Trocknen wird die Pflanze während oder nach der Blüte durch Abschneiden der Triebe geerntet. Frische Blätter und Triebspitzen können das ganze Jahr über geerntet werden.

Küchentipp: Rosmarin ist ein typisches Gewürz der italienischen, spanischen und provenzalischen Küche. Es kann sowohl zum Würzen von herzhaften als auch von süßen Speisen (z. B. Marmeladen, Gelees) verwendet werden. Wegen des intensiven Geschmacks sollte man Rosmarin zurückhaltend dosieren. Zu langes Verbleiben in der Speise kann zum Auftreten eines bitteren Beigeschmacks führen. Die verholzten Zweige kann man als Grillspieße verwenden.

Anwendung: Medizinische Verwendung finden Zubereitungen aus Rosmarinblättern. Eingesetzt werden sie innerlich bei Verdauungsstörungen, äußerlich unterstützend bei rheumatischen Beschwerden und Kreislaufbeschwerden.

Hinweis: Während der Schwangerschaft keine hohen Dosen von Rosmarinzubereitungen aufnehmen, da Bestandteile des ätherischen Öls möglicherweise Gebärmutterblutungen auslösen können.

Rotklee

Trifolium pratense

Familie: Schmetterlingsblütler - Fabaceae

Beschreibung: Ausdauernde Pflanze, bis zu 40 cm hohe werdend. Stängel aufsteigend oder aufrecht, meist behaart. Laubblätter gestielt, wechselständig, 3-teilig gefiedert. Fiederblättchen eiförmig bis elliptisch. Vielblütige, kugelige Blütenköpfchen, rot.

Standort: Wächst auf trockenem bis mäßig feuchten Wiesen, auf Weiden, an Wegrändern. Bevorzugt nährstoffreichen, tiefgründigen Boden.

Ernte: Geerntet werden die Blütenköpfchen während der Blüte.

Anwendung: Rotkleeprodukte werden derzeit als Nahrungsergänzungsmittel eingestuft. Das wissenschaftliche Erkenntnismaterial über Rotklee ist derzeit noch gering. Neue Untersuchungen weisen jedoch auf dessen Wirksamkeit hin. Eingesetzt werden sie bei Wechseljahrsbeschwerden. Aufgrund der antiöstrogenen Wirkung bei sehr hohen Dosen ist die Einnahme von Präparaten mit standardisiertem Gehalt an wirksamkeitsbestimmenden Inhaltstoffen sinnvoll.

Hinweis: Nach Einnahme kann es zu leichter Übelkeit, sehr selten zu Nesselsucht (Urtikaria) führen. Wegen der östrogenartigen Wirkung des Rotklees keine Verwendung bei Patienten mit östrogenabhängigen Tumoren bzw. nur unter ärztlicher Kontrolle.

Salbei
Salvia officinalis

Familie: Lippenblütler - Lamiaceae

Beschreibung: Ausdauernde, 30-80 cm hoher, unten verholzender

Halbstrauch, Stängel vierkantig, filzig behaart. Blätter gestielt, gegenständig, länglich-eiförmig. 3-10 cm lang, feinnetzige Blattstruktur, fein behaart, graugrün. Blüten violett, in übereinander stehenden Scheinquirlen angeordnet.

Standort: Bevorzugt einen warmen, sonnigen Standort mit einem trockenen, durchlässigen, kalkhaltigen Boden.

Ernte: Junge Blätter und Triebe können das ganze Jahr geerntet werden. Zum Trocknen erntet man die oberen Triebe kurz vor der Blüte.

Küchentipp: Als Gewürz wird Salbei vorwiegend in der italienischen, französischen und griechischen Küche verwendet. Getrockneter Salbei sollte wegen des dominierenden Geschmacks sparsam verwendet werden. Frische Blätter kann man dagegen etwas großzügiger dosieren. Süßes oder salziges Gebäck wird ebenfalls mit Salbei gewürzt.

Anwendung: Medizinische Verwendung finden Zubereitungen aus Salbeiblättern. Eingesetzt werden sie äußerlich bei Entzündungen der Mund- und Rachenschleimhaut, innerlich bei Verdauungsbeschwerden, vermehrter Schweißsekretion, Herpes Simplex.

Hinweis: Keine länger dauernde Einnahme oder Überdosierung (>15 g Salbeiblätter/Tag). Keine Verwendung des reinen ätherischen Öls und alkoholischer Extrakte in der Schwangerschaft.

Sauerampfer
Rumex acetosa

Familie: Knöterichgewächse - Polygonaceae

Beschreibung: Mehrjährige, krautige Pflanze, 30-100 cm hoch werdend. Stängel aufrecht, kantig, hohl, teilweise rötlich überlaufen. Blätter länglich, ganzrandig, pfeilförmig, die unteren sind lang gestielt. Unscheinbare grüne Blüten, rot überlaufen. Blütenstand rispenartig. Frucht dreikantig, rot.

Standort: Wächst auf feuchten Wiesen und Weiden, in Gebüschen. Bevorzugt nährstoff- und stickstoffreiche Böden.

Ernte: Geerntet werden nur die jungen frischen Blätter.

Küchentipp: In der Küche wird Sauerampfer als Gemüse-, Suppen- und Salatpflanze eingesetzt.

Anwendung: Eingesetzt in der Erfahrungsheilkunde.

Hinweis: Größere Mengen roher Sauerampferblätter sollten aufgrund ihres Oxalsäuregehaltes v. a. von Kindern nicht verzehrt werden. Bei bekanntem Nierenleiden ist auf den Verzehr von Sauerampfer zu verzichten. Abgebrühte Sauerampferblätter verlieren dagegen einen großen Teil der Oxalsäure und sind daher weniger gefährlich.

Schnittlauch
Allium schoenoprasum

Familie: Lauchgewächse - Alliaceae

Beschreibung: Ausdauernde Pflanze, 15-30 cm hoch werdend. Die aus der Grundachse hervortretenden Laubblätter sind aufrecht, rund und röhrenförmig. Der Blütenstand ist eine kugelige, vielblütige Scheindolde. Die Blütenblätter sind bläulich-rosarot, selten purpurrot oder weiß bis gelblich.

Standort: Schnittlauch wächst bei guter Wasserversorgung auf fast allen Böden. Bevorzugt kalkhaltigen, humosen Lehmboden an sonnigen oder halbschattigen Standorten.

Ernte: Die frischen Blätter können jederzeit mit Schere oder Messer geerntet werden.

Küchentipp: Die fein geschnittenen Blätter werden frisch, tiefgefroren oder seltener gefriergetrocknet als Gewürz verwendet. Er sollte erst kurz vor der Verwendung geschnitten und keinesfalls mitgekocht oder mitgebraten werden (Aromaverlust und -veränderung). Die frischen Blüten können zum Garnieren von Salaten eingesetzt werden.

Anwendung: Eingesetzt in der Erfahrungsheilkunde.

Spitzwegerich
Plantago lanceolata

Familie: Wegerichgewächse - Plantaginaceae

Beschreibung: Mehrjährige, bis 30 cm hohe Pflanze. Blätter kurz gestielt und in grundständiger Rosette angeordnet, lanzettlich, mit 5-7 deutlichen kräftigen Blattnerven. Die Blüten erscheinen in kugeligen, später walzenförmigen, bräunlichen Ähren auf langem, rippigem, die Blätter überragendem Stiel. Auffallend sind die abstehenden, gelblichweißen Staubblätter.

Standort: Bevorzugt frische, nährstoffreiche und tiefgründige Böden. Wächst an Wegrändern, auf Wiesen, Weiden und Schuttplätzen.

Ernte: Die Blätter werden während der Blütezeit von Mai - September geerntet. Im Frühjahr pflückt man die jungen, zarten Blätter für Wildgemüse und Salat.

Küchentipp: Die jungen zarten Spitzwegerichblätter können in Salaten, Suppen und als Kräutergemüse eingesetzt werden.

Anwendung: Medizinische Verwendung finden Zubereitungen aus Spitzwegerichkraut. Eingesetzt werden sie innerlich bei Katarrh der Luftwege sowie bei entzündlichen Veränderungen der Mund- und Rachenschleimhaut. Äußerlich bei entzündlicher Veränderung der Haut.

Thymian
Thymus vulgaris

Familie: Lippenblütler - Lamiaceae

Beschreibung: Ausdauernder Zwergstrauch, 10-40 cm hoch. Stängel aufrecht, am Grund verholzt, vierkantig. Blätter gegenständig, elliptisch, kurz gestielt oder sitzend, unterseits filzig behaart, zurückgerollter Rand. Blüten klein, rosa oder weiß, bilden mit ihren Scheinquirlen einen ährigen Blütenstand.

Standort: Thymian kommt auf mageren, leichten, kalkhaltigen Böden vor, gedeiht aber auch auf tonreichen, nicht zu feuchten Böden. Er benötigt vollsonnige Standorte und verträgt Trockenheit relativ gut.

Ernte: Zum Trocknen erntet man das Kraut kurz vor der Blüte. Frische Blätter und Triebe können laufend geerntet werden.

Küchentipp: Thymian ist ein wichtiges Gewürz der französischen, spanischen, mexikanischen und lateinamerikanischen Küche. Getrockneter Thymian soll eine stärkere Würzkraft haben als der frische. Wegen der starken Würzkraft sollte man Thymian vorsichtig dosieren.

Anwendung: Medizinische Verwendung finden Zubereitungen aus Thymiankraut. Eingesetzt werden sie bei Symptomen der Bronchitis und Symptomen des Keuchhustens sowie Katarrh der oberen Luftwege.

Wiesenschaumkraut
Cardamine pratensis

Familie: Kreuzblütler - Brassicaceae

Beschreibung: Mehrjährige, ausdauernde Pflanze, bis 50 cm hoch werdend. Stängel aufrecht, hohl. Grundblätter gestielt, rosettig, unpaarig gefiedert. Fiederblättchen rundlich. Stängelblätter kurz gestielt, gefiedert, schmale Fiederblättchen. Blüten vereinigt als endständige Traube. Kronblätter weiß bis blasslila.

Standort: Wächst auf feuchten Wiesen, feuchten Stellen im Wald, Weiden, an Bächen.

Ernte: Geerntet werden die jungen Blätter im Frühjahr.

Küchentipp: Die jungen Blätter haben eine leichte Schärfe und eignen sich zum Würzen von Speisen wie Quark und Salat.

Anwendung: Eingesetzt in der Erfahrungsheilkunde.

Wohlriechendes Veilchen
Viola odorata

Familie: Veilchengewächse - Violaceae

Beschreibung: Ausdauernde Pflanze, bis 10 cm hoch werdend, mit Ausläufern. Blätter grundständig, gestielt, nieren- bis herzförmig. Nebenblätter länglich, mit einzelnen Fransen. Blütenstiele entspringen der Blattrosette. Kronblätter dunkelviolett, Sporn der Blüte lang, gerade. Blüte duftet angenehm.

Standort: In lichten Laubwäldern, trockenen Gebüschen, an Waldrändern. Bevorzugt nährstoffreichen, etwas stickstoffhaltigen Boden.

Ernte: Geerntet wird das ganze Kraut zur Blütezeit.

Küchentipp: Essbare Veilchenblüten können zur Dekoration von Gerichten und kandiert zum Verzieren von Backwaren eingesetzt werden.

Anwendung: Eingesetzt in der Erfahrungsheilkunde.

Hier ist alles „im grünen Bereich"!

Auf den folgenden 3 Seiten sind Sie an den richtigen Adressen für Erlebnis und Genuss. Die Kräuterfrauen und Blumenköche in diesem Buch freuen sich schon auf Sie!

ÖKOSTATION

Das Umweltbildungszentrum mit Charme

Mitten im Freiburger Seepark befindet sich die Ökostation des BUND. Besucher sind herzlich willkommen im Naturhaus, im Biogarten oder im 200 qm großen Heilkräutergarten, der über 150 Arznei-, Küchen- und Duftpflanzen beherbergt. Aktuelle Infos, das Veranstaltungsprogramm und eine ausführliche Beschreibung des Heilkräutergartens finden Sie unter www.oekostation.de

- Kräuterkurse
- Führungen
- Gartenberatung
- Sonntagsöffnungen
- Gartenbauschule

Falkenbergerstr. 21 b
79110 Freiburg
Tel.: 0761/89 23 33
info@oekostation.de
Öffnungszeiten:
Mo - Fr 9 - 17 Uhr

Ursula Bertsch

Heilpflanzenfachfrau
Märchenautorin und -erzählerin

Pflanzen können Geschichten erzählen – und manchmal erzählen sie auch in der Sprache der Menschen!
Gerne gebe ich mein Kräuter-Heil-Wissen weiter in Form von Seminaren, (Dia)Vorträgen und Exkursionen zu Heilpflanzenkunde und Wildkräuterküche. Besonders gern aber entführe ich Erwachsene und Kinder als Märchenerfinderin und -erzählerin in die Zauberwelt der Pflanzen und lasse diese selbst erzählen von ihren stärkenden, heilenden und vielleicht ja auch magischen Kräften...

- **Seminare/(Dia)Vorträge und Exkursionen**
- **Pflanzenmärchenabende (auch mit musikal. Begleitung)**
- **Verkauf von Pflanzenmärchen und dazugehöriger CD**

Hansjakobstraße 136
79117 Freiburg
Tel.: 0761/6 80 07 60
info@ursula-bertsch.de
www.ursula-bertsch.de

Ursel Bühring

Gründerin und Leiterin der Freiburger Heilpflanzenschule, Heilpraktikerin, Autorin

Heilen mit Pflanzen ist der ursprünglichste Weg zu heilen. Die heilenden Kräfte der Pflanzen zogen mich seit Kindheit in ihren Bann. Seit 1997 gebe ich meinen reichhaltigen Erfahrungsschatz mit Herz, Liebe und Fachkompetenz in meiner Heilpflanzenschule weiter. Dort ist es meine Intention, traditionelles Wissen und moderne Erkenntnisse der Phytotherapie zu verbinden und auch die Lust am Kochen mit Heilpflanzen zu vermitteln.

Freiburger HeilpflanzenSchule
Ursel Bühring
Zertifiziertes Studienprogramm für Pflanzenheilkunde (FVDH)

Zechenweg 6
79111 Freiburg
Tel.: 0761/55 65 59 05
Fax: 0761/55 65 59 06
info@heilpflanzenschule.de
www.heilpflanzenschule.de

KRÄUTERPÄDAGOGE™
Edith Fehrenbach

Naturerlebnis Hildegard-Garten
Mai - Oktober

Abseits der Hauptstraße windet sich durch Wald und Wiesen des Dobelbergs ein Sträßlein zum idyllisch gelegenen Natur-und Heilpflanzengarten. Mit einem Kräuter-Begrüßungstrunk werden die Gäste empfangen. Bei einer Führung durch die liebevoll gestaltete Gartenanlage wird Ihnen die Vielfalt der Kräuter, Bäume und Sträucher mit lehrreichen Einblicken in die Heil- und Heilskunde der Hildegard von Bingen von der Hildegard-Expertin und Kräuterpädagogin Edith Fehrenbach charmant vermittelt. Ideal auch für kleine Betriebsausflüge und alle interessierten Gruppen.

- **Gartenführungen**
- **Kräuterwanderungen**
- **Seminare und Vorträge außer Haus**
- **Hildegard-Produkte-Versand**

Uhremacherhof
Dobelberg 1
79279 Winden-Oberwinden
Tel.: 07682/67418
fehrenbach-edith@gmx.net

Literaturhinweise

Bergmann, Heide, Kräuter für jeden Garten, GU Pflanzenratgeber, München 2008

Bergmann, Heide, Duftpflanzen auf Balkon und Terrasse, GU Pflanzenratgeber, München 2009

Bergmann, Heide, Gartenspaß für Kinder, GU Verlag, München 2005

Bocksch, Manfred, Das praktische Buch der Heilpflanzen, 5. Auflage, BLV Buchverlag GmbH & Co. KG, München 2007

Bühring, Ursel, Alles über Heilpflanzen, Eugen Ulmer KG, Stuttgart 2007

Bühring, Ursel, Blütenküche - farbenfroh, dekorativ, lecker, Eugen Ulmer KG, Stuttgart 2009

Sonderdruck zum 250. Todestag von Anna Schnidenwind, Endingen 2001

Schilcher, Heinz; Kammerer, Susanne; Wegener, Tankred, Leitfaden Phytotherapie, 3. Auflage, Elsevier GmbH, Urban & Fischer Verlag, München 2007

Teuscher, Eberhard, Gewürzdrogen, Wissenschaftliche Vertragsgesellschaft mbH, Stuttgart 2003

Wichtl, Max, Teedrogen und Phytopharmaka, 4. Auflage, Wissenschaftliche Vertragsgesellschaft mbH, Stuttgart 2002

Wiesenauer, Markus, Phyto Praxis, 3. Auflage, Springer Medizin Verlag, Heidelberg 2008

Wiesenauer, Markus; Widmaier, Wolfgang, Arzneipflanzen, Bionorica GmbH, Neumarkt 1991

www.wikipedia.de